동학의 발자취를 찾아서
시인 윤석산의 동학답사기

윤석산 지음

지은이〔윤석산(尹錫山)〕 소개

1947년 서울 출생이며
한양대 국문과와 동대학원 (문학박사)을 나와서
현재 한양대 국문과 교수로 역임하고 있다.
저서로는 『龍潭遺詞硏究』『朴寅煥評傳』
『古典的 想像力』『後天을 열며』 등이 있고,
시집은 『바다속의 램프』『온달의 꿈』
『처용의 노래』『龍潭가는 길』 등이 있다.

동학의 발자취를 찾아서
시인 윤석산의 동학답사기

◆ 신서원은 부모의 서가에서
  자식의 책꽂이로
  '대물림'할 수 있기를 바라며
  책을 만들고 있습니다.
  잘못된 책은 연락주십시오.

지은이 · 윤석산
만든이 · 임성렬
만든곳 · 도서출판 신서원
초판1쇄 인쇄일 2000년 11월 1일
초판1쇄 발행일 2000년 11월 10일
주소 · 서울특별시 종로구
        교남동 47-2 (협신209호)
등록 · 제1-1805 (1994. 11. 9)
Tel (02) 739-0222 · 3
Fax (02) 739-0224

값 5,000원

東學의 발자취를 찾아서
詩人 尹錫山의 東學踏査記

尹錫山 著

圖書出版 新書苑

머 리 말

'동학'이 학계의 관심으로 떠오른 지는 이미 오래 되었다. 특히 1960년대 이후 한국근대화에 대한 반성과 재검토라는 학계의 관심은 자연 '동학'을 그 연구의 대상으로 삼는 계기를 마련하기도 하였다. 그러므로 '동학'은 역사·철학·종교·문학 등 인문과학의 분야에서만이 아니라, 정치·경제·사회 등 사회과학 분야로까지 그 관심의 폭을 넓혀가게 되었다. 그러므로 그간 연구자들은 그 연구의 폭을 넓혀가는 한편, 많은 새로운 동학관련 자료들을 발굴하여 학계에 보고하므로, 이제는 그 연구목록만으로도 몇 권의 책으로 출간할 수 있을 정도의 많은 양의 연구가 우리 학계에는 축적되게 되었다.

본 글은 지금까지 연구되어 온 성과들을 바탕으로 하여, 19세기 중엽 경주 용담(龍潭)에서 일어난 동학이 당시 한국사회 속에서 어떻게 성숙되었고, 갑오년(1894)에 이르러 전라도 고부(古阜) 땅에서 비롯된 동학혁명으로까지 어떻게 이어지고 있는가를 살펴본 글이다. 특히 동학과 연관을 맺고 있는 중요지역에 대한 답사를 통하여, 그 지역이 지닌 동학적인 의미를 찾아보고, 또 그 지역에서 일어났던 동학의 역사적인 사실들을 분석·해석함으로써 이것이 지닌 의미를 재해석하고, 동학의 사상과 역사적 활동상, 나아가 한국사회와 동학과의 관계 등을 구명하고자 노력하였다. 그러므로 본 글들이 비록 답사한 지역을 중심으로 하여 몇 개의 장으로 나누어져 구성되어 있어도, 궁극적으로는 '동학이라는 이념·사상에서 혁명이라는 사회적 실천'에 이르는 과정을 그 동일 연계선상에서 파악하고자 노력한 글이다.

본 글이 쓰여지기에는 많은 분들의 도움을 받았다. 지금까지 이룩한 연구자들의 견해를 문헌을 통하여 시사받기도 하였고, 또는 관계 연구자들로부터 직접적인 조언을 듣기도 하였다. 특히 천도교 상주선도사인 삼암 표영삼 선생님께서 오랜 기간 동안 답사와 조사를 통하여 동학의 유적지를 발굴하고 또 확인해 놓지 않았다면, 이 글은 쓰여지지 못했을 것이다. 이와 같은 노력으로 숨겨져 있었고, 또 잃어버렸던 동학의 여러 유적지가 확인되고 또 발굴되었기 때문에, 늦게나마 우리는 그 곳을 답사할 수 있었다. 또한 본 글을 쓸 당시 많은 자료와 답사지를 안내하고 또 조언을 아끼지 않은 성주현 동덕의 고마움이 없었다면, 이렇듯 작은 결실이나마 맺지 못했을 것이다. 모든 분들께 감사드린다.

끝으로 어려운 경제적 현실과 함께 어려운 출판사정에도 불구하고 출판을 맡아 노고를 아끼지 않은 도서출판 신서원에 감사드린다.

1998. 12.
글쓴이

차 례

1. 용담(龍潭) ・———9
2. 가정리(柯亭里) ・———23
3. 울산 여시바윗골〔狐岩里〕・———37
4. 남원 은적암(隱跡庵) ・———49
5. 경주감영(慶州監營) ・———63
6. 흥해 매곡동(梅谷洞) ・———75
7. 문경 유곡리(幽谷里) ・———87
8. 대구장대(大邱將臺) ・———99
9. 검곡(劍谷) ・———111

10. 영월 직동(稷洞) ・———123
11. 태백산 적조암(寂照菴) ・———135
12. 단양 장정리(長亭里) ・———145
13. 인제 갑둔리(甲遁里) ・———155
14. 단양 천동(泉洞) ・———169
15. 익산 사자암(獅子庵) ・———179
16. 삼례(參禮) ・———191
17. 보은 장내리(帳內里) ・———205
18. 고부(古阜) ・———217
동학의 발자취 ・ 231

✤ 쉬어가는 곳 ✤

1
용담(龍潭)

용담(龍潭)에서 무극대도(無極大道)를
받는 수운 선생

✿ 쉬어가는 곳 ✿

1

 '용담'이라는 지명은 우리의 행정구역상으로 볼 때 실제로는 없는 이름이다. 그 일대는 경상북도 경주군 현곡면 마룡리라는 이름으로 불리는 곳인데, 이 곳 마룡리 구미산(龜尾山) 자락 골짜기에 있는 '용담정(龍潭亭)'이라는 정자에 연유하여 이렇듯 불리게 된 이름일 뿐이다.

 용담정은 본래 작은 사찰이었다. 퇴락하여 쓸 수 없게 된 이 사찰을 동학(東學)의 교조인 수운(水雲) 최제우(崔濟愚) 선생의 할아버지 되는 분이 사들여 고쳐서 정자로 삼았고, 훗날 아버지 되는 근암공(近菴公) 최옥(崔鋈)이 머물며 제자들을 가르치던 곳이다.

 마룡리에서 구미산으로 오르는 골짜기를 따라가다 보면, 얼마 가지 않아 병풍처럼 둘려진 구미산을 배경으로 마치 구미산 가슴에 안기듯 용담정이 자리하고 있음을 볼 수가 있다. 용담정 바로 앞으로는 제법 운치있는 계곡이 흐르고 있다. 때로는 작은 폭포를 이루고, 또 때로는 아담한 소(沼)를 이룬다. 이렇듯 용담정을 중심으로 한 주변의 풍광이, 그 규모가 비록 크지는 않지만, 보는 이로 하여금 저절로 감탄을 자아내게 하는 절승(絶勝)의 형상을 이루고 있다.

 용담정의 위쪽으로는 대낮에도 네댓 발걸음 앞이 어둡게 느껴지는 깊은 계곡이 있어 드문드문 작은 소(沼)를 이루면서 주야를 그치지 않고 옥같이 맑은 물을 흘러보내고 있다. 깊이 패인 이 골짜기를 따라 약 7분 정도 계곡을 따라 올라가면, 암반으로 되어 있는 골짜기 양옆으로

가정리 일대에서 바라본 구미산

마치 말 발자국과 같은 홈이 양쪽으로 선명하게 패어 있는 것을 발견할 수 있다.

이 말 발자국 모양의 홈은 무척이나 선명하게 찍혀 있어, 보는 이로 하여금, 마치 지금 막 용마(龍馬)가 그 골짜기를 밟고 하늘로 뛰어오른 듯한 느낌을 갖게 한다. 이러한 용마의 발자국과 함께 이 곳에는 용마에 관한 전설이 오래 전부터 내려오고 있다. 이와 같은 전설로 인하여, 이 구미산 자락에 있는 마을의 이름이 마룡리(馬龍里)가 되었고, 또 이러한 전설과 함께 '용담'이라는 정자의 이름도 유래된 것으로 생각된다.

2

수운 선생은 젊어서부터 당시의 어지러운 세상을 구할 수 있는 진정한 가르침을 찾고자 했다. 그런 까닭에 젊은 시절 전국을 떠돌면서 가르침을 구하고자 노력한 시절이 있었다. 이 같은 수운 선생이 행한 젊은 날의 행적을 동학에서는 주유팔로(周遊八路)라는 이름으로 부른다. 즉 구도(求道)를 위해 세상의 곳곳을 떠돌았다는 의미의 말이다.

수운 선생이 10여 년의 '주유팔로'를 마치고 용담으로 다시 돌아온 것은 기미년(己未年: 1859) 10월이다. 젊은 나이에 길을 떠나, 당시의 세상 풍속을 살피고, 어지러운 세상을 근심하며, 이 세상을 구할 도를 얻고자 수운 선생은 세상의 곳곳을 떠돌았던 것이다. 이러한 수운 선생의 주유팔로는 다름 아니라, 조선조 말엽이라는 난세, 그 어지러운 세태를 근심하는 젊은 한 지식인의 고뇌하는 모습이며, 동시에 세상을 구하고자 하는 구도(求道)의 길이라 하겠다.

당시 조선조 말기라는 19세기 중엽은 세도정치(勢道政治)로 인해 정치·경제·사회적으로 극심한 어려움을 겪던 시기였다. 특히 조선조의 지배체제인 봉건질서가 결정적으로 붕괴되고, 이에 대체될 만한 새로운 신념체계가 아직 형성되지 않은, 그래서 더욱 극심한 혼란을 겪던 시기이다. 당시의 이러한 세태를 수운 선생은 주유팔로를 통하여 직시하게 되고, '요(堯)임금이나 순(舜)임금 같은 성군의 치세(治世)로도 어찌 해볼 수 없는 어려운 세상이요, 공자(孔子)나 맹자(孟子) 같은 성인의 덕

입구에서 본 용담정 전경

화로도 결코 다스릴 수 없는 그러한 시절'이라고 탄식하게 된다.

수운 선생이 주유팔로를 통하여 인식한 당시의 현실은 군불군(君不君)·신불신(臣不臣)·부불부(父不父)·자부자(子不子)의 유교적 질서가 붕괴된 혼란된 사회상이었다. 그런가 하면, 자신의 개인적인 이익만을 추구하는 무고사(巫蠱事)가 도처에서 창궐되던 때이기도 하다. 또한 이러한 현실에서 한 걸음 더 나아가, 아무런 근거도 없는 도참설(圖讖說)이 세상을 떠돌며 사람들을 현혹하는가 하면, 당시 위협적으로 밀려오는 서양의 힘은 당시의 시대적인 분위기를 더욱 절박한 위기로 몰아가기도 했던 것이다.

그런가 하면, 서양인들을 통해서 들어오는 서학이라는 이질적인 종교·문화에 의하여 겪게 되는 문화적인 교착상태, 나아가 당시 서학을 신봉하는 사람들의, 죽어서 저 혼자만이 삼십삼천(三十三千) 옥경대(玉京臺: 서학에서 일컫는 천당을 말함)에 가게 해달라고 비는 허망한 모습 등은 당시의 세태를 더욱 더 어지럽게 하는 요인들이 되고 있었다.

따라서 수운 선생이 직시하고, 또 인식했던 당시의 현실은 경제적인 어려움이나 정치적인 혼란의 심각성이었다기보다는, 사회적·문화적인 혼란의 심각성이었던 것으로 해석할 수 있다. 그런가 하면, 이러한 혼란은 궁극적으로 다른 사회적인 요인에 의하여 야기(惹起)되는 것이 아니라, 자신만을 위하는 마음, 즉 각자위심(各自爲心)의 타락한 심성에 기인하고 있다고 수운 선생은 생각했던 것이다.

우리는 바로 이와 같은 부분에서 수운 선생이 단순한 혁세가(革世家)나 혁명가가 아닌, 한 사람의 사상가 또는 종교의 창시자로 그 출발하게 되는, 그러한 일면을 감지하게 된다. 즉 사회적인 혼란과 시대적 부패가 제도나 그 제도의 운영에서 기인한다기보다는, 사람 사람의 내면에 존재하는 마음속에 그 요인이 있다고 보고 있기 때문이다.

주유팔로 동안 수운 선생은 몇 번의 신비한 종교체험[종교적인 차원에서 경험하게 되는 여러 신비한 현상]을 하게 된다. 그 처음이 을묘년(1855) 봄, 울산 여시바윗골에 나타난 이인(異人)으로부터 천서(天書)를 받는다는 신비한 경험이다. 그런가 하면, 양산 천성산에서 수련을 하던 중, 숙부의 죽음을 영(靈)으로 감지하는 이적을 겪기도 한다. 이후 용담으로 다시 돌아와 '불출산외(不出山外)'를 맹세하고 수련에 정진하여, 한울님으로부터 무극대도(無極大道)를 받는다는 결정적인 종교체험을 하게 된다.

이러한 수운 선생이 겪게 되는 종교체험은 엄밀한 의미에서 수운 선생 '개인적인 경험'만은 아니다. 이는 곧 역사적·시대적 요청에 부응한 '성(聖)스러운 체험'이라고 말할 수 있을 것이다.

나아가 이와 같은 결정적인 종교체험은 수운 선생 자신에 있어 매우 중요한 의미를 지니는 것이라 하겠다. 즉 구도(求道)의 길을 떠나 세상을 떠돌던 수운 선생은 어느 의미에서는 세상의 어지러움을 걱정하고 고뇌하던 한 '젊은 지식인'에 불과했었다. 그러나 용담에서 한울님이라는 신으로부터 무극대도(無極大道)를 받는다는, 결정적인 종교체험을 한 이후의 수운 선생은 일상성을 뛰어넘는 비일상의 차원, 즉 성(聖)의 차원에서 고뇌하고 또 문제를 해결하려는 한 사람의 종교적 인물로 바뀌게 된다. 다시 말해서 수운 선생은 이 종교체험을 통하여 세상을 구할 수 있다는 종교적 신념과 함께 확신을 가지게 되었다. 세상의 사람들에게 자신의 도를 펴는 종교의 교조(教祖)로 스스로의 모습을 전이시킨 것이

용담정 전경

1. 용담

기도 하였다.

우리는 이와 같은 면에서 '용담'을 인식하고 바라볼 필요가 있다. 즉 '용담'은 수운 선생이 결정적인 종교체험을 한 곳이며, 동시에 '성(聖)의 차원'에서 현실적인 고통을 극복하고자 노력한 곳이다. 또한 새로운 삶의 질서, 새로운 질서의 세상을 이룩하고자, 그 첫발을 내디딘 곳이 되기 때문이다.

따라서 수운 선생이 결정적인 종교체험과 함께 펼친 '시천주(侍天主)'의 종교사상은 당시 사회적인 측면에서의 의미만이 아니라, 시대적·역사적인 면에서 매우 중요한 의미를 띠고 있는 것이라고 하겠다.

19세기 중엽이라는 시대는 한국사(韓國史)에서만이 아니라 세계사적으로도 매우 중요한 의미를 지니고 있는 시기이다. 특히 우리나라를 비롯한 동양은 서양의 서세동점(西勢東漸)이라는 제국주의적인 세력팽창의 목표물이 되었다. 이러한 시대적인 위급함과 함께, 이 위기를 벗어나려는 내적 변화가 지극히 요구되었던 시기였다. 나아가 이러한 내적 변화요구는 오랫동안 동양사회를 유지시켜 왔던 봉건질서에 대한 반성과 새로운 질서에 대한 갈망으로도 표출되고 있었던 것이다.

암울한 이 같은 시대에, 본원적인 평등주의와 민중적인 각성을 함유하고 있는 '시천주(侍天主)'의 종교사상은 시대적·역사적 열망과 요청에 부응하는, 그런 사상이 아닐 수 없다. 즉 '시천주'라는 사상에 의한다면, 세상의 모든 사람은 본원적으로 무궁한 한울님을 모시고 있으므로 모두 동등하다는, 평등의 원리가 성립된다. 즉 양반과 상놈[班常]이라는 신분적 구분도, 또 남녀·노소·적서(嫡庶) 등 귀하고 천한[貴賤] 구분마저도 없어지게 된다.

또한 이와 같은 시천주의 관점에서 당시의 시대상을 바라보게 된다면, 당시 겪고 있는 시대적 위기나 혼란은 양반관료라는 상층계층이나 서민대중이라는 피지배 계층, 어느 한 쪽에 치우쳐 겪게 되는 위기나 혼란이 아니라, 모두가 공통으로 겪고 있는 현실이었다. 이들 모두를 포함하는 '민족의 단위', '국가의 단위'로서 맞고 있는 현실적인 어려움이 되고 있었던 것이다.

따라서 이러한 위기와 혼란을 극복할 수 있는 힘의 소재가 다른 어느 곳에 있는 것이 아니라, 민중 스스로에 있는 것이었다. 나아가 상층계층인 지배층과 하층계층인 피지배층이 '민족의 단위', '국가의 단위'로 서로 연계되어 총체적으로 어우러지는, 바로 그 자리에 있음을 말하고 있는 것이었다.

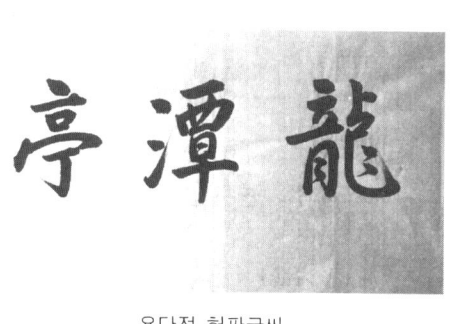

용담정 현판글씨

'시천주'의 이러한 가르침은 당시 민중들 스스로 자아에 대한 각성을 할 수 있는, 그러한 계기를 마련하고 있다. 즉 민중 스스로 주체적으로 난국을 타개해야 한다는 민중적 자아의 각성을 하게 한 것으로 평가 될 수가 있다. 수동적인 피지배 계층의 백성에서, 보다 능동적으로 대처하고자 하는 각성을 지닌 민중으로의 전이를, 수운 선생은 시천주의 종교사상을 통하여 당시의 백성들에게 불어넣어 준 것이다.

다시 말해서 당시의 시대적인 위기를 극복할 수 있는 주역은 다름

1. 용담

아닌 수운 선생 자신을 포함한 일반민중이라는 신념을 불어넣어 주었던 것이요. 또한 잠재되어 있는 민중이 새롭게 눈뜨고, 이들이 지닌 역량이 발휘되어야 한다는 구체적인 가르침을 바로 시천주를 통하여 펼쳤던 것이다.

따라서 후일, 봉건이라는 벽을 넘고 외세라는 침략의 장벽에 항거하며 일어났던 갑오 동학혁명은, 당시의 팽배한 민중적인 열망을 집결시킬 수 있었던 시천주사상에 의한 것이라는 점을 우리는 깊이 인식해야 할 필요가 있다. 즉 지배계층의 억압과 불안한 민생은 당시의 사회를 더욱 어렵게 몰아갔고, 민중들의 의식에는 새로운 시대의 도래를 보이지 않게 꿈꾸어 왔던 것이다.

그러나 이러한 열망은 결국 어떠한 결집력이 주어지지 않는다거나, 스스로 각성할 수 있는 계기가 주어지지 않는다면, 뭉쳐진 힘으로 나타나기 어렵다는 사실은 너무나도 자명한 일이다.

이러한 시기에 시천주가 지닌 본원적인 평등사상과 민중지향적인 가르침은 이들을 결집시켰고, 나아가 반봉건·척양척왜(斥洋斥倭)의 기치를 높이 세우게 하였던 것이라고 하겠다.

3

이와 같은 시천주의 종교사상은, 다만 한 개인의 평등주의에 머물지 않은 채, 우리의 사회를 근대적 시민사회로 이끌고자 하는, 매우 중요한 역사적·시대적 의미를 지닌 사상이 되고 있다. 따라서 용담은 천도교의 진원지이자, 후천 오만 년의 출발점이며, 동시에 우리나라의 자생적(自生的)인 근대의식, 나아가 오늘이라는 현대로 발돋움할 수 있는 근거를 마련한 진원지라는 면에서 우리의 역사 속에 찬연히 자리한다.

그러나 용담이 지닌 이러한 진가는 외세의 침입과 함께 오늘날 올바르게 전해지지 못하고 있음이 우리의 현실이다. 오랜 동안 우리는 근대정신의 발로(發露)와 서구의 충격을 등식화하여 읽으려 했다. 또한 근대화와 서구화를 동일한 선상에 놓고 이해하려고 하였다. 그러므로 우리의 자생적인 각성과 내적인 요구에 의하여 싹터 왔던 '자생적인 근대의식'은 역사의 뒤쪽으로 방치된 채, 오랜 동안 우리에게 잊혀져 왔던 것이다. 따라서 동학의 정신과 그 구체적인 실현을 위하여 일어난 갑오년(1894) 동학혁명은 한때 역사 속에서 '난(亂)'으로 규정되어 불려오기도 하였다.

그러나 오늘 이 같은 '난(亂)'이라는 이름을 청산하고, '혁명'·'운동'·'전쟁' 등의 새로운 이름으로 불리는, 새로운 국면을 우리는 맞이하기도 하였다. 그렇지만 그 '주체와 성격'에 관하여 견해와 주장이 다각적으로 제기되고 있어, 주체는 '농민'으로 또는 '민중'으로 이야기되기도 하고, 성격은 '혁명'·'운동' 또는 '전쟁'으로 이야기되기도 한다. 그러나 이 주체를 이끈 힘은 동학의 정신이요, 성격은 인간성의 회복을 통한 새로운 시대를 열어가고자 했던 혁명이었음을 우리는 오늘 다시 한번 인식하여야 할 줄로 믿는다.

아직 온 세상에 천명(闡明)되지 않은 시천주와 이에 따라 잘못 인식되고 있는 모습이 바로 오늘 우리가 만나고 있는 용담의 한 현실이기도 하다. 수운 선생이 〈용담가(龍潭歌: 『용담유사』중의 한 편)〉 중에서 탄식하며 노래한 바와 같이 "천만년 지내온들 아니 잊자 맹세해도 무심한 구미 용담 평지되기 애달하다"라는 말씀이 더욱 가슴을 치게 하는 현실이 오늘의 용담의 모습이다. 후천(앞으로 올 새로운 세상) 오만 년의 진원지 '용담'. 이의 진정한 모습이 밝혀지고 그 가치가 올바르게 구현될 수 있을 때, 우리는 진정한 모습의 용담을 다시 만나게 될 것이다. 진정한 의미를 지닌 용담, 그 웅자의 모습을.

2
가정리(柯亭里)

수운 선생 탄신도.
집 주위로 상서로운 기운이 감돌고,
구미산이 사흘을 울었다 한다.

✤ 쉬어가는 곳 ✤

1

　가정리는 경상북도 경주군 현곡면에 위치한 지역 이름이다. 전형적인 한국의 시골 풍모를 그대로 지니고 있는 마을로, 농사를 주업으로 삼고 있다. 가정리 앞으로는 이 마을의 주산인 구미산이 그 자태를 자랑하듯이 펼쳐져 있다. 구미산 골짜기에서 흘러들던 계곡의 물이 제법 큰 내를 이루면서 마을 앞을 두르듯이 흘러내려 가고 있어, 나름대로 산수를 두루 지닌 단아한 시골 모습을 한눈에 알 수 있는, 그런 곳이기도 하다.

　동학을 창도한 수운 최제우 선생이 이 곳 가정리에서 태어난 때는 1824년이다. 아침 저녁으로 찬서리가 내리고, 이내 겨울의 추위를 알리는 차가운 바람이 구미산 골짝으로 윙윙거리며 휘돌아 마을 일대로 내려오는 음력 10월 28일. 수운 선생은 아버지 근암공 최옥과 어머니 한씨(韓氏) 사이에서 근암공의 만득자(晩得子)로 태어난다.

　아버지 근암공은 영남일대에 널리 알려진 유학자로, 수운 선생이 태어날 때 이미 나이가 60을 넘긴 노년이었다. 근암공은 젊어서 두 번의 상처(喪妻)를 하고, 과거(科擧)에도 여러 번 응시를 했는데, 그 때마다 낙방을 하는 쓰라림을 겪기도 한, 당시로서는 자신의 뜻을 펴지 못한, 어떻게 보면 불우한 선비의 한 사람이라고 말할 수 있다. 가진 재산도 없이, 또 자신의 뜻도 펴지 못한 채 쓸쓸히 만년을 보내다가, 용담에 들어 제자들이나 가르치며 생애를 보낸 사람.

그러던 어느 날 근암공은 이상한 인연으로 한씨부인을 만나게 된다. 천도교의 여러 기록에 의하면, 어느 날 외출에서 돌아온 근암공이, 자신의 방에 정신을 차리지 못하는 채 들어와 있는 한씨부인을 발견하게 된다. 그러나 이 부인이 무의식 상태에서 어떤 신비한 힘에 휩싸여 정신없이 이 곳까지 오게 되었다는 사실을 듣고는, 이는 하늘이 준 배필이라 생각하고 부인으로 맞아들였다고 한다.

이렇듯 신비한 인연으로 만난 한씨부인과의 사이에서 수운 선생이 태어난다. 수운 선생이 태어날 때, 집 주위로 상서로운 기운이 사흘씩이나 감돌았고, 구미산이 기이한 소리로 사흘 내내 울었다고 세상에는 전한다. 마치 우리의 옛이야기 속에 나오는 영웅탄생의 설

수운 선생의 생가터에 세운 유허비

화와 같은 일이 그 때 일어났었다고 한다.

수운 선생은 이 곳 가정리에서 어린 날을 보내며 성장하게 된다. 수운 선생의 신비한 탄생과 성장은 대체로 두 방향에서 그 의미를 지니고 있다. 첫째 그 탄생의 신비한 이야기와 함께, 수운 선생 스스로 은유적으로 부른 『용담유사』중의 한 편인 가사(歌辭) 〈몽중노소문답가(夢中老少問答歌)〉에서 암시하고 있듯이, 조선조라는 봉건왕조를 부인하고 새로운 세계를 지향한 선지적 모습을 추출할 수 있는 점이 그것이고, 둘째 수운 선생이 가정리에서 성장하면서 당시의 일반적인 지식인, 특히 자신의 아버지와는 전혀 다른 사고로써 당시 사회를 바라보고 인식하였다는 점이다. 즉 당시의 일반적인 지식인은 봉건적인 제도인 과거에 응시해서 자신의 뜻을 펴려는 데 비하여 수운 선생은 이러한 봉건적인 질서와 제도를 스스로 부인한 것으로 생각되기 때문이다.

또한 수운 선생이 태어나고 성장한 가정리 일대는 수운 선생의 일족, 특히 경주최씨의 일족이 대를 이루며 살아온 마을이다. 그런가 하면, 조선조를 유지시켜 온 유학적인 풍습이 마을의 향풍으로 오랫동안 지속되어 오던 마을이다. 그러므로 수운 선생이 신비체험을 하고, 또 동학을 일으키어 가르침을 펼칠 때, 마을 사람들 특히 일가친족으로부터 심한 반발을 받았던 곳이기도 하다.

이러한 부분에 대한 해명과 천착이 궁극적으로 수운 선생 탄생의 의미를 찾는 길이며, 동시에 수운 선생이 태어나고 성장한 가정리라는 지역을 의미화하는 작업의 하나라고 생각된다.

2

조선조의 사회제도에 의하면, 태어난 아이의 성은 아버지를 따르지만 그 신분은 어머니를 따르는 것으로 되어 있다. 그러므로 정실 아닌 첩실의 손은 서자(庶子) 혹은 얼자(孼子)라고 하여, 정실의 형제들과 동렬에 서지 못했음은 잘 알려진 사실이다. 동렬에 서지 못했을 뿐만 아니라, 국가에서 행하는 과거에도 응시하지 못해서, 아무리 뛰어난 학문과 인품을 지니고 있다고 해도 등용될 수 있는 기회를 갖지 못하는 불행한 사람들이기도 하다. 그러므로 조선조 후기로 들어서면서 많은 서자들이 허통(許通)을 원하는 상소를 임금에게 올리곤 했음을 볼 수가 있다.

당시 수운선생은 높은 학식을 지니고 있으면서도 한번도 과거에 응시하지 않았다. 즉 아버지 근암공은 당시의 다른 지식인들과 마찬가지로 여러 번의 낙방에도 불구하고 과거라고 하는 전형적인 봉건적 등용 제도에 누차 응시한 데 비하여, 수운선생은 한번도 과거에 응하지 않았던 것이다.

이러한 사실에 관하여 많은 기록들이 수운선생이 서자이기 때문에 과거에도 응시할 수 없고, 또 천대를 받아 이러한 봉건적인 제도의 비인도적인 처우를 혁신하고자 동학을 창도하기에 이르렀다고 말하고 있다. 위에서 이야기한 바와 같이 수운선생이 서자의 신분은 아니지만, 재가녀(再嫁女)의 손이 된다. 조선조의 제도에 의하면, 과부의 재가는 금지되고 있다. 따라서 수운 선생의 어머니는 근암공에게 재가를 함으로 해서, 당시의 사회적인 제도로는 정실로 인정될 수는 없었다. 따라서 그의 손인 수운 선생은 서자는 아니지만, 신분상 적자(適者)와도 다르다고 하겠다. 그러므로 수운 선생은 과거에 응시할 수 있는 신분은 되지를 못한다.

즉 수운 선생은 당시 봉건사회가 지닌 신분적인 한계를 지니고 있기 때문에 과거에 응시를 하지 않은 것으로 볼 수가 있다. 그러나 보다 면밀히 살펴보면, 과거(科擧)라는 봉건적인 입신양명의 방법이 결코 어지러운 세상을 구하는 데에 아무런 길이 되지 못한다는 생각을 수운 선생 스스로 했던 것으로 추측된다.

특히 이 시대는 부패한 정치·사회 제도로 인하여, 관리의 등용문인 과거제도마저 부패하여 권력이나 금력이 아니면 과거에서 합격한다는 것은 꿈도 꾸지 못하던 시절이었다. 그러니 이와 같은 봉건적 부패한 제도를 통하여 입신양명한다는 것 역시 부패한 사회와 제도의 일원이 되는 것이요, 어느 의미에서는 동조자가 되는 것과 다름이 없는 것이다. 수운 선생도 그렇게 판단했을 것이다.

이와 같은 수운 선생의 생각이 후일 그가 쓴 가사인 『용담유사(龍潭遺詞)』 등에 매우 직설적으로 나타나고 있음을 우리는 찾아볼 수 있다.

> 칠팔세 글을 배워 심장적구(尋章摘句)하여 내어
> 청운교(靑雲橋) 낙수교(洛水橋)에 입신양명(立身揚名)할 마음은
> 사람마다 있지마는 깊고 깊은 저 웅덩이에
> 진심갈력(盡心竭力) 지은 글을 넣고나니 허무하다
> 천수(天數)만 바라다가 많고 많은 그 사람에
> 몇몇이 참여해서 장락원(掌樂院) 대풍류(大風流)에

삼일유가(三日街) 기장(奇壯)하다 이일 저일 볼작시면
허무하기 다시 없어 아니 가자 맹세해도
내 운수 내가 몰라 종종히 다니다가
이 내 마음 마칠진대 그 아니 운수런가

『용담유사』〈흥비가(興比歌)〉중에서

벼슬에 눈이 어두워 천운에 목을 건다거나, 학문이 자신의 입신양명만을 위하는 길이라는 잘못된 인식, 나아가 지나친 관료지향적인 인생태도만을 조장하는 당시 사회적 풍토를 수운 선생은 이렇듯 그의 가사를 통하여 비판하곤 했던 것이다. 그러므로 청운교·낙수교로 상징되는 벼슬길만을 통하여 입신양명만 하려는 것은 마치 깊고 깊은 웅덩이에 빠지는 것과 같은 허무한 일이요, 또한 천수만 바라며 수많은 사람들이 무조건 과거에 참여하는 것도 사실 허무하기 그지없는 일이라고 수운 선생은 지적하고 있다.

즉 수운 선생은 그의 아버지 근암공이나 또 당시의 지식인과는 다르게 봉건사회의 중요한 제도의 하나였던 과거제도를 전면으로 부인함으로써, 어느 의미에서는 봉건제도 그 자체를 부인했던 선지자의 한 사람이었다고 말할 수 있을 것이다.

봉건사회에 대한 이러한 부인이 곧 새로운 이념종교인 동학을 창명하게 하였고, 나아가 이와 같은 종교적 이념을 이은 동학의 후예들이 끊임없는 변혁과 새로운 세계로의 발돋움을 시도하였기에, 후일 갑오동학혁명과 같은 반봉건의 기치를 높이 세울 수 있었던 바탕을 이룬 것이 아닌가 생각된다.

앞에서 잠시 말한 바와 같이, 수운 선생이 가정리에서 태어날 때, 그

가정리 일대의 경관

집 주위로 상서로운 기운이 감돌았고, 또 사흘이나 구미산이 울었다는 기록이나 구전(口傳)이 오늘까지 전하고 있다. 이와 같은 이야기는 어느 의미에서 다만 단순히 수운 선생을 신성시하거나 영웅시하기 위하여 사람들에 의하여 지어진 이야기만은 아니라고 생각된다.

이와 같은 이야기는 후일 수운 선생이 지은 가사인 〈몽중노소문답가(夢中老少問答歌)〉에 나오는 기남자(奇男子)의 출생부분과 연결되며 수운 선생의 출생, 나아가 수운 선생 출자(出自: 수운 선생이 태어남으로 세상에 그 뜻을 펴기 시작함을 말함)의 매우 중요한 의미를 지닌다고 하겠다. 이러한 의미의 탐색을 위하여 먼저 〈몽중노소문답가〉를 인용해 볼 필요가 있다.

> 십삭(十朔)이 이미 되며 일일은 집 가운데
> 운무(雲霧)가 자욱하며 내금강·외금강이
> 두세 번 진동할 때 홀연히 산기(産氣) 있어
> 아들 애기 탄생하니 기남자(奇男子) 아닐런가
> 〈몽중노소문답가〉 중에서

동학의 초기기록에 해당되는 『도원기서(道源記書)』나 1920년대에 나온 『천도교회사(天道敎會史)』 등 모든 동학·천도교의 기록에 나타나고 있는 수운 선생 탄생에 관한 이야기와 위에 인용된 부분은 그 표현에 있어 매우 유사한 점을 지니고 있다. 즉 기남자 탄생시 운무(雲霧)가 자욱하고 내금강·외금강이 두세 번 진동하였다는 표현이 바로 그러하다. 그런가 하면, 이러한 출생에 대한 부분과 함께 보다 중요하게 생각되는 것은 이 〈몽중노소문답가〉에 나타나는 기남자의 출생이 다름 아니라,

그 시대적인 필연성에 의한 것이라는 암시가 이 노래에 매우 은유적으로 담겨져 있다는 사실이다.

> 곤륜산 일지맥의 조선국 금강산이
> 기암괴석 좋은 경치 일만이천 아닐런가
> 팔도명산 다 던지고 천하승지 아닐런가
> 삼각산 한양도읍 사백년 지낸 후에
> 하원갑(下元甲) 이 세상에 남녀간 자식없어
> 산제불공(山祭佛供) 하다가서 두 늙은이 마주앉아
> 탄식하고 하는 말이 우리도 이 세상에
> 명명한 천지운수 남과 같이 타고나서
> 기궁한 이내 팔자 일점혈육 없단말가
>
> 〈몽중노소문답가〉 중에서

위에 인용된 내용은 그 외견상으로 볼 때, 자식없는 두 늙은이가 마주앉아 하고 있는 푸념과도 같이 보이고 있지마는, 결국은 한양을 도읍으로 하는 조선조가 이제 4백년이 지나 그 운세가 기울고, 이에 하원갑(下元甲)이라는 시대적인 쇠퇴기를 맞아 이 세상에 필연적으로 새로움이 탄생되어야 한다는 이야기로 전환되고 있음을 볼 수 있다. 즉 하원갑이라는 말세적 세상으로 상징되고 있는 조선조 말기의 시대를 전혀 새로운 세상으로 변혁시킬 수 있는 '새로운 사람'의 출현을 〈몽중노소문답가〉는 그 서두에서 암시하고 있는 것이라고 하겠다.

아울러 당시 조선조의 도읍인 한양의 주산(主山)이 되는 '삼각산(三角山)'의 정기를 받은 것보다는, 더 명산으로 일컬어지는 '금강산(金剛

山)'을 노래에 등장시킴으로써 삼각산으로 상징되는 조선조보다 더 훌륭한 세상이 이내 도래할 것이라는 암시를 하고 있다. 따라서 이러한 금강산의 산기를 받고 태어나는 기남자는 새로운 세상을 향해 변혁의 기운을 떨칠 사람임을 이는 암시하고 있는 것이라고 하겠다.

이렇듯 〈몽중노소문답가〉 속의 기남자는 바로 수운 선생의 출현을 비유한 것이라 하겠다. 그러므로 가정리 일대에서 오늘까지 전하고 있는 수운 선생 탄생에 관한 이야기는 곧 후일 수운 선생 스스로 〈몽중노소문답가〉와 같이 비유되어 노래됨으로써, 새로운 변혁과 어지러운 세상을 구하겠다는 제세(濟世)의 이념으로 이어지고 있는 것이라 하겠다. 바로 이와 같은 면에서 우리는 수운 선생의 출자(出自), 즉 그 출생의 의미를 찾을 수 있을 것으로 생각된다.

3

가정리에서 태어난 수운 선생은 아버지 근암공의 각별한 사랑을 받으며 성장한다. 어린 나이에 아버지로부터 학문을 배우고, 나이가 점점 들어감에 그 남다름이 매우 뛰어났다고 한다. 십세 이전에 벌써 많은 서적을 읽고, 그 영특함이 뛰어나 인근 사람들을 놀라게 하곤 했다.

그러나 수운 선생은 이 곳에서 어린 나이에 어머니를 잃는 슬픔과 아버지를 여위는 아픔을 맞는다. 그런가 하면, 부모로부터 물려받은 재산도 없이 아직 젊은 나이에 가계를 이끌어 가던 중, 화재를 당하여 집이며 전재산을 모두 태우는 불행을 맞기도 한다. 이와 같이 부모를 일찍 여의고, 또 가산을 불태우는 등 거듭되는 불행과 어려움 속에서도 수운 선생은 '어지러운 세상을 구하려는' 높은 생각을 버리지 않고 부단히 노력을 하게 된다.

가정리라는 궁벽진 시골, 산과 들과 농가만이 점점이 이어진 전형적인 한국의 농촌. 그 작은 마을에서 구미산을 뒤흔들 듯이 크나큰 기개와 함께 태어난 수운 선생. 아버지의 거듭되는 실패와 부패한 세상을 바라보며, 하늘을 떠받들 듯 웅대한 자태로 버티고 있는 구미산. 그 봉우리보다 더 큰 이상을 지니고, 무너지는 봉건의 구습을 온몸으로 거부하며, 세상의 어려움을 온몸으로 짊어지려는 젊은 지식인.

이러한 한 젊은이가 세상을 구하고 나아가 새로운 질서의 세상을 이루고자 주유팔로(周遊八路)와 각고의 수련 끝에 한울님으로부터 무극대도(無極大道)를 받는다는 결정적인 종교체험을 한 이후, 세상을 향하여 그 가르침을 펼칠 때에, 마을의 사람들은 하나같이 흉을 보면서 수운 선생의 가르침을 헐뜯곤 한다. 『용담유사』〈교훈가〉의 한 구절은 이런 사실을 잘 말해 주고 있다.

> 가련하다 경주향중 무인지경 분명하다
> 어진 사람 있게 되면 이런 말이 왜 있으며
> 향중풍속 다 던지고 이내 문운 가련하다
> 알도 못한 흉언괴설 남보다가 배나 하며
> 육친이 무삼일고 원수같이 대접하며
> 살부지수 있었던가 어찌 그리 원수런가
>
> 〈교훈가〉중에서

이렇듯 새로운 가르침을 알지 못하고 헐뜯는 고향 마을(鄕中)의 풍속은 다 집어던지고, 가문의 운이 오히려 가련하다고 말하고 있다. 마치 원수나 된 듯이 일가친족들이 수운 선생의 가르침을 헐뜯고 비웃었던 것이다.

가정리라는 마을은 이렇듯 우리의 전형적인 시골 마을이었고, 새로운 것을 거부하는, 어느 의미에서 매우 순박한 사람들이 모여 사는 곳이었다. 이러한 곳에서의 수운 선생의 가르침은 실로 파천황적(破天荒的)인 것이 아닐 수 없었다. 구습에 젖어 있는 사람들과 전혀 새로운 이념을 지닌 사람은 서로 맞부딪히게 되었다. 가정리에서의 수운 선생이 겪은 마을 주민과 일가친족들의 질시와 헐뜯음은 어느 의미에서 선지자가 겪는 당연한 아픔의 모습, 그 하나일는지도 모른다.

이러한 가정리의 구습과 수운 선생이 지닌 새로움의 갈등은 결국 당시 우리 사회가 지닌 갈등의 한 상징적인 모습이었다. 동시에 동학이 겪어온 발자취의 축소된 모습이라고 할 수 있다. 그러므로 수운 선생은 결국 이러한 구습에 젖은 사람들에 의하여 체포되었고, 끝내는 갑자년(甲子年: 1864) 대구 장대(將臺)에서 후천의 새로움을 거부하는 사람들에 의하여 참형을 당하게 된 것이라 하겠다.

오늘날 이 곳 가정리에는 수운 선생의 생가(生家) 터에 수운 선생을 기리는 유허비(遺墟碑)만이 남아 쓸쓸히 자리하고 있다. 구미산 계곡을 바라보며, 아니 그 계곡 너머로 이어지는 세상의 드넓은 하늘, 그 후천 오만년의 무궁한 세상을 향하여, 아직 구습에 젖어 그 가르침을 전혀 알지 못하는 세상의 답답함을 묵묵히 자리로 깔고 유허비만이 쓸쓸히 자리하고 있음을 볼 수가 있다.

3
울산 여시바윗골(狐岩里)

을묘년 울산 여시바윗골
어느 초당에서 이인(異人)으로부터
천서(天書)를 받는 모습

✧ 쉬어가는 곳 ✧

1

　울산(蔚山)의 여시바윗골은 지금 울산광역시 한 외곽에 딸려 있는 유곡동(幽谷洞)이라는 마을의 일부지역이다. 울산시내를 벗어나 북서쪽 외곽으로 달리면, 아직 정비되지 못한, 그래서 작은 집들이 난립했고, 또 골목도 비좁은 마을이 나오는데, 이가 곧 유곡동 일대가 된다.

　이 마을을 앞으로 하고 지금은 인가가 전혀 없는 산길로 접어들게 되면, 길다란 장방형의 골짜기가 나오게 되고, 이 골짜기를 계속 따라서 들어가게 되면 작은 등성이를 넘게 된다. 이 등성이 너머로 기념비가 하나 눈에 들어오게 되는데, 이 기념비가 있는 자리가 곧 여시바윗골이다. 이 기념비는 수운 선생이 무극대도를 받는다는 결정적인 종교체험 이전에 어느 이인(異人)으로부터 천서(天書)를 받았다는, 그 신비체험을 기념하기 위하여 최근 울산시와 천도교 중앙총부가 세운 비이다.

　기록에 의하면, 옛날 이 곳에는 작은 초당(草堂) 하나가 있었다. 그러나 지금 그 자취는 찾을 수 없고, 다만 그 자리라고 생각되는 곳에 감나무 한 그루가 잡초 사이에 묻히듯 서 있을 뿐이다.

　수운 선생은 당시 어지러운 세상을 구할 도를 구하고자 주유팔로의 길을 떠났었다. 어렵사리 세상을 떠돌았음에도 도는 얻지 못한 채, 잠시 고향인 용담에 돌아와 지내다가, 장차 그 신세가 초라해질 것을 한탄하며, 거처를 잠시 울산으로 옮기게 된다. 이 곳 울산은 곧 수운 선생의 처가(妻家) 동네이기도 하다.

유허비 제막식 광경〔을묘년 수운 선생이
천서를 받았다는 울산 여시바윗골〕

이 때 이미 수운 선생의 나이는 서른을 넘은 장년이었다. 무료한 나날을 보내며, 이곳 저곳의 풍경이나 살피는 등으로 나날을 보내다가, 어느 날 수운 선생은 그 근처에 있는 어느 낡은 초당 하나를 발견하게 된다.

수운 선생은 비록 하는 일은 없었어도, 늘 책과 함께 살았다고 한다. 수운 선생이 거둔 수양딸의 증언에 의하면, 수운 선생은 언제고 책을 손에서 내려놓은 적이 없었다고 한다. 아침 일찍 일어나 보면, 언제 일어났는지 벌써 꼿꼿이 앉아 책을 읽고 있었고, 또한 늦은 밤에도 역시 마찬가지로 그런 모습을 하고 있었다고 한다. 이러한 일로 보아 아마도 수운 선생은 이 곳 초당에 머물며 책을 읽었을 것으로 생각된다.

그러므로 수운 선생은 일과삼아 이 곳 초당을 찾게 되고, 초당에 앉아 책도 읽고 명상에 잠기기도 하면서 나날을 보내게 되었다. 무료한 하루하루를 보내던 어느 봄날, 수운 선생은 매우 이상한 경험을 하게 된다. 이 때가 을묘년(乙卯年: 1855)이니, 수운 선생의 나이가 서른둘이 되는 해이다. 마침 봄볕이 따뜻하게 비추는 봄 삼월 어느 오후, 초당에 누워 잠시 봄잠을 즐기는데, 꿈인지 생시인지 밖으로부터 주인을 찾는 사람이 있었다. 문을 열고 내다보니, 어디에서 왔는지 웬 이상한 차림의 사람이 초당 앞에서 주인을 찾고 있었다. 가만히 모습을 살펴보니 스님 같기도 하고, 이인(異人) 같기도 하여, 그 신분을 짐작할 수가 없었다. 그러나 그 용모가 매우 깨끗하고 맑아보였으며, 차린 모양이 의젓하여 보통 사람같이 보이지는 않았다.

 그 이인은 수운 선생이 경주 최선생임을 확인하고는 자신이 지니고 온 한 권의 책을 전해 주게 된다. 즉 그 이인은 금강산 유점사에서 백일을 기약하고는 정성을 드렸는데, 백일의 정성이 끝나고 난 뒤 탑 위에서 문득 이상한 책을 한 권 발견하게 되었다고 한다. 그러나 이 책의 내용을 알 수가 없고, 글을 안다는 사람들을 찾아가 물어보아도 아무도 아는 사람이 없더니, 어느 곳에서 경주 최선생이 알 것이라는 소문을 듣고는 이렇듯 찾아왔다고 한다.

 그 이인이 주는 책을 보니, 이는 유교(儒敎)의 책도 아니고, 또 불교(佛敎)의 책도 아니었다. 즉 선천(先天)의 어느 가르침도 아니라는 이야기이다. 그러나 책의 내용을 알 것 같아 수운 선생은 며칠의 말미를 두고 내용을 살피겠다고 하니, 그 이인이 선뜻 책을 전해 주고는 사흘 뒤에 다시 오겠다는 말을 남기고는 떠나는 것이 아닌가.

사흘이 지난 뒤에 다시 찾아온 이인에게 수운 선생이 이미 그 책의 내용을 다 알게 되었다고 하니, 이인은 정중한 태도로 절하며 말하기를 "이 책은 진실로 선생의 책이요" 하며 두 손으로 정중히 드리고는 뒤돌아 섬돌을 내려가는데, 두어 걸음을 가지 않아 문득 눈앞에서 사라져버렸다.

이내 수운 선생은 이 사람이 보통 사람이 아닌 신인(神人)임을 알게 되고, 자신에게 신비한 책을 전해 주기 위하여 자신의 앞에 잠시 나타난 것이라고 생각하게 된다.

이러한 일을 동학에서는 을묘천서(乙卯天書)라고 말한다. 즉 을묘년에 신인으로부터 천서를 받았다는 의미인 것이다. 또한 이와 같은 일에 대하여, 동학을 연구하는 학자들은 수운 선생이 제세(濟世)의 뜻을 품고 세상을 떠돌며, 구도의 길을 걷다가 체험하게 되는 첫번째 신비체험, 곧 종교체험의 한 현상이라고 말하기도 한다. 즉 울산 여시바윗골은 바로 이와 같은 수운 선생의 득도 이전에 첫번째 신비체험을 한 곳으로서 의미를 지닌 곳이라고 하겠다.

2

수운 선생이 을묘년에 울산 여시바윗골에서 얻은 책에는 어떤 내용이 담겨져 있는지는 오늘날 구체적으로 알 수가 없다. 다만 동학의 여러 기록에 의하면, '하늘에 기도를 하라〔祈天之書〕'는 내용으로 되어 있다고만 한다. 즉 세상을 구할 도를 구하기 위해서는 하늘에 기도를 하라는, 그러한 가르침을 지닌 내용의 책인 것이다.

그간 수운 선생은 세상을 구할 도를 밖으로부터 얻기 위하여, 세상을 떠돌면서 수많은 가르침과 접했던 것으로 되어 있다. 오랜 동안 우리 민간에 내려오던 여러 민간신앙이나 도법(道法)에서부터 새로이 들어오는 서학에 이르기까지 매우 많은 가르침과 만났던 것으로 생각된다. 그러나 이들은 궁극적으로 세상을 올바르게 구할 수 있는 도가 아니라는 사실을 깨닫게 되고, 실의에 차 있던 시절이 바로 이 곳 여시바윗골에서 보내던 시기가 아닌가 생각된다.

즉 수운 선생은 을묘천서 사건 이후, 세상을 떠돌며 도를 구하고자 하는 구도행위를 멈추게 된다. 대신 한울님이라는 신에게 기도를 통하여 도를 얻고자 하는, 수련의 길로 그 구도의 방향을 바꾸게 된 것이다. 즉 을묘천서는 수운 선생의 득도(得道)를 위한 새로운 전환점을 이루는 중요한 계기가 되었다고 말할 수 있는 것이다.

따라서 수운 선생은 양산 천성산(千聖山) 내원암(內院庵)이나 적멸굴(寂滅窟) 등지에 들어 기천(祈天)을 통한 수련을 지속적으로 행하게 된다. 그런가 하면, 기미년(己未年: 1859) 10월에는 가솔을 이끌고 다시 용담으로 돌아와 아버지인 근암공(近菴公)이 거처하며 제자들을 가르치던 용담정을 고치고는, 그 곳 용담정에 앉아 수련에 임하게 된다. 특히, 용담정에 들어서는 이제에도 도를 이루지 못하면 결코 이 산 밖으로는 나가지 않겠다는 굳은 맹세를 하게 된다.

잘 아는 바와 같이 용담은 인근의 마을과는 다소 떨어진 구미산중(龜尾山中)에 자리한 정자이다. 이 산중에 들어, 인간사와는 인연을 끊고 도를 이루지 않으면 결코 산에서 나가지 않겠다고 수운 선생은 마음

수운 선생이 수련하던 양산 천성산 적멸굴 일대

은 굳게 다짐했던 것이다.

이와 같이 굳은 맹세를 하게 된 것에는 다음과 같은 두 가지의 의미가 담겨져 있는 것이라고 해석할 수가 있다. 즉 도를 이루겠다는 의지의 강하고도 절박한 마음의 표현이 그 하나요, 다른 하나는 을묘천서 이후 기천(祈天)을 통하여 분명 도를 이룰 수 있다는 확신을 수운 선생 스스로 갖게 되었다는 것이다.

그런가 하면 수운 선생은 자신의 이름도 제선(濟宣)에서 제우(濟愚)로 바꾸고, 자(字) 역시 성묵(性默)으로 고치게 된다. 즉 세상의 어리석은 사람들을 구하고, 또 그러기 위해서는 수운 선생 스스로 다만 어리석은 듯이 앉아서 수련에만 정진하겠다는 의미가 이에는 깃들어 있는 것으로 해석된다.

또한 이렇듯 수도에만 전념하던 수운 선생은 입춘절(立春節)을 맞아, 입춘시를 짓기도 한다. 입춘시의 내용은 다음과 같다.

도의 기운을 길게 이어나가니 사악함이 들어오지 못하고
이 세상의 어지러운 사람들과는 결코 돌아가지 않겠다.

〔道氣長存邪不入 世間衆人不同歸〕

대체적으로 입춘시는 쓰는 사람의 기원을 내용으로 삼는 것이 일반적이다. 그러나 수운 선생이 지니고 있는 기원은 한 개인의 기복(祈福)이나, 또는 다른 것이 아니다. 수운 선생이 기원하는 바가 있다면, 이는 다름 아니라 어려운 시대적인 위기를 극복하고 새로운 삶의 세상을 이룩하는 것이라고 하겠다.

그러므로 이와 같은 기원을 지닌 수운 선생의 입춘시는 여느 입춘시와는 다르게, 도(道)의 기운을 도도히 하여, 세상의 각자위심(各自爲心)에 물든 사람들과는 결코 같이 하지 않겠다는 결연한 의지가 깃들인, 그러한 시라고 하겠다. 즉 도를 이룩한다는 것이 곧 세상의 각자위심에 물든 사람들의 마음을 개벽시키는 것이라는, 도에의 확고한 입론(立論)을 이와 같은 입춘시에서 우리는 발견할 수가 있는 것이다.

이후 수운 선생은 이 입춘시에 담은 기원과도 같이 새로 맞이하는 경신년(庚申年: 1860) 4월 5일 한울님으로부터 무극대도를 받는다는 결정적인 종교체험을 하게 되고, 비로소 세상에 새로운 도를 펴기 시작했던 것이다. 울산 여시바윗골 초당에서 얻게 된 천서(天書)와 같이 기천(祈天)의 수행을 지속적으로 해왔고, 다시 용담으로 돌아와 불출산외(不出山外)를 맹세한 이후, 수련에 정진하여 도를 이루게 된 것이라고 하겠다.

즉 을묘천서라는 신비체험이 있었던 울산 여시바윗골은 바로 이와 같이 수운 선생의 득도와 득도를 위한 수련(修煉)에 새로운 계기를 마련한 곳이 된다. 즉 젊은 나이에 수운 선생은 세상을 구하겠다는 일념으로 세상의 수많은 가르침을 찾아 전국을 헤매었고, 많은 사람들을 만나, 그들로부터 진정한 도를 얻고자 노력을 해왔었다.

그러나 끝내 이러한 소망을 이루지 못하고, 실의와 좌절 속에서 가족을 이끌고 처가마을인 울산으로 이주하게 되었고, 이 곳 울산 근처를 배회하듯 삶을 살아가던 때이다. 이와 같은 때에 이인(異人)을 만난다는 신비체험을 하게 되고, 또한 천서(天書)를 얻는다는 새로운 체험을 하게 된다. 이와 같은 체험은 곧 수운 선생으로 하여금 도(道)의 궁극적인 소재가 다른 어느 곳에 있는 것이 아니고, 바로 자신이 모시고 있는 한울님으로부터 비롯된다는 사실을 깨닫게 되었던 것이다.

곧 을묘천서를 이루어낸 울산 여시바윗골은 수운 선생으로 하여금 도의 실체와 그 소재를 일깨워 준, 그러므로 수련의 방향을 제시해 준 매우 중요한 곳으로 그 의미를 지닌다고 하겠다.

3

수운 선생이 을묘년(1855) 울산의 여시바윗골에서 어느 이인(異人)

으로부터 천서(天書)를 받았다는 사실에 관하여는, 후일 수운 선생을 혹세무민(惑世誣民)의 죄목으로 체포했던 선전관 정운구(鄭雲龜)가 조정에 올린 보고서에도 나타나고 있다. 이 정운구의 보고서는 『비변사등록(備邊司謄錄)』에 기재되어 오늘에 전하고 있다.

당시 조정(朝廷)으로부터 수운 선생을 조사하고 또 잡아들이라는 명을 받은 선전관 정운구는 서울을 떠나 부하들을 인솔하여 경주부로 들어간 이후, 사람들을 시켜 시장이나 절간 등지를 드나들면서, 수운 선생에 관한 일들을 염탐해냈다고 한다. 이러한 염탐을 하던 중에 당시 가정리 부근의 동네 사람들로부터 들었다는 말은 다음과 같은 것이다.

> 수운이 홀연 다시 고향으로 돌아와서 사람들에게 도를 펴면서 말하기를 "내가 세상을 떠돌며 정성을 드려 하늘에 제사를 드렸는데, 어느 날 하늘에서 문득 책 한 권이 내려왔다. 이 때 이 책의 내용을 아는 사람이 아무도 없었는데, 나만이 홀로 그 내용을 알아, 그 내용에 따라 도를 닦게 되었다. 이제 내가 이러한 신비한 것을 익혔으니, 사람들에게 가르침을 펴려 한다"고 했다.

이렇듯 관변(官邊)의 기록에까지 수운 선생의 을묘천서가 기록된 것을 보아, 수운 선생이 세상을 떠돌다가 울산 근처 여시바윗골에서 신비체험을 했다는 것은 당시로서는 널리 알려진 일이라고 하겠다. 그러나 다만 오늘날 그 책이 전하고 있지 않아 구체적으로 어떤 내용이 담겼었는지는 알 수가 없다.

을묘년(1855) 봄 어느 날, 꿈인지 생시인지 알 수 없는, 그러한 상태 속에서, 문득 수운 선생은 어느 이인을 만나게 되고, 그 이인으로부터 천서를 받는다는 신비체험을 하게 된다. 이러한 신비체험은 결국 수운선생으로 하여금 도를 구하고자 하는 수련의 방향을 돌리게 하고, 마침내 경신년(1860) 4월 무극대도를 받는다는 결정적인 종교체험을 하는 결정적인 계기를 마련하게 한 것이라고 하겠다.

이와 같이 울산 여시바윗골, 수운선생의 을묘천서는 곧 수운선생으로 하여금 득도에의 확신을 심어준 하나의 의미 있는 사건이요, 나아가 진정한 수도(修道)의 길을 가게 한, 그러한 계기를 마련한 사건이라고 하겠다.

지금 새로운 도시 정비와 함께 구획이 정리되고, 그래서 을묘천서의 기념탑이 세워진 산자락 가까이까지 굉음의 중장비 소리가 들리는 이곳 여시바윗골 일대. 아마도 수운선생이 이인과 만났던 그 먼 시간에도 서 있었을 법한 해묵은 감나무만이 기우는 가을햇살 속에 묵묵히 서 있을 뿐이다.

4

남원 은적암(隱跡庵)

남원 은적암(隱跡菴)에서 한겨울을
보내는 수운 선생

✥ 쉬어가는 곳 ✥

1

 은적암은 전라도 남원 동편, 교룡산성(蛟龍山城) 속에 있는 선국사(善國寺)라는 절에 딸려 있던 작은 암자의 이름이다. 이 산성은 국방상 매우 중요한 요새지로서 남으로부터 침략하는 왜구를 견제하기 위하여 구축된 산성이다. 당시는 남원부의 관리를 받아왔고, 남원부를 중심으로 하는 호남일대와 호남에서 서울로 올라오는 길목을 수비하던 전략요새의 외성(外城)으로 중요한 역할을 했었다. 일명 묘고봉(妙高峰)이라고 불리는 그다지 높지 않은 산을 뒤로 의지하고 구축된 산성 입구에는 이 산성을 지키고 수비하던 비장(裨將)들의 비석이 줄줄이 서 있어, 마치 산성의 험난했던 지난 역사를 말하고 있는 듯하다.

 산성 입구를 지나 산길을 조금 올라가면, 이제는 퇴락하여 이내 곧 쓰러질 듯한 절이 모습을 드러낸다. 단청도 모두 지워져 나무의 결이 그대로 도드라진 이 절에는 '선국사(善國寺)'라는 현판이 세월에 씻긴 모습으로 덩그러니 붙어 있다. 그러나 지금은 낡고 미처 수리를 하지 못했어도, 그 쓰인 석가래며 기둥, 그리고 규모로 보아 전성기에는 제법 많은 승려와 수도자들이 머물렀던 절이라는 것을 금방 짐작할 수 있는, 그런 절이다.

 지천으로 널려 있는 큰 대나무숲들. 선국사의 뒤쪽으로도 이 고장의 한 특성과 같이 제법 큰 대나무숲이 자리하고 있어 산의 그윽한 모습을 더욱 은은히 나타내고 있다. 대나무숲을 지나 오른쪽으로 나 있는 산길

남원 은적암이 있는 교룡산성 입구

소로로 접어들어, 7부능선 가까이 올랐음직한 곳에 제법 너른 개활지가 있었는데 바로 이곳이 은적암이 있던 곳이다. 지금은 잡목과 풀더미에 덮여, 집터만 간신히 확인할 수 있는 정도로, 간간이 깨어진 기왓조각들이 뒹굴고 있을 뿐인 은적암. 본사와는 제법 떨어져 있어, 홀로 수도에 정진하는 사람이 머물기에 적합한 장소이다.

교룡산성(蛟龍山城). 아직은 용이 되지 못한, 그러므로 이무기의 슬픔과 잠재적 가능성을 꿈틀이듯 자리하고 있는 산성. 이 산성의 이름은 이 곳 지형과 무관하지 않아 보인다. 은적암을 가슴에 품고 있는 묘고봉은 그리 크지 않은 산이지만, 정상에는 기암괴석이 도열하듯 서 있어, 만만치 않은 풍모를 보이고 있다. 또 그 산의 도처에는 어느 때 파놓았는지 알 수 없는 우물 아흔아홉 개가 있어, 백 개의 샘을, 그리하여 웅지(雄志)를 떨칠 그날을 기다리기나 하듯이 묵묵히 자리하고 있음을 볼 수가 있다.

2

수운 선생이 본격적인 포덕(布德)을 하기 시작한 것은 신유년(辛酉年: 1861) 6월부터이다. 한울님의 뜻을 포교(布敎)하는 이 일은, 한 해 전인 경신년(庚申年) 4월 무극대도를 한울님께 받고, 거의 일년 가까이 수련을 하면서 도의 이치를 깨닫고, 도법(道法)인 주문을 짓고, 가까이로는 부인과 장조카 되는 맹륜이라는 사람에게 도를 전하며 지내다가, 신유년 6월을 맞아 비로소 본격적인 포덕을 하기에 이른다.

용담을 중심으로 원처 근처의 많은 사람들이 수운 선생의 도를 듣기 위하여 모여들었고, 바야흐로 용담은 수운 선생이 설파하는 도를 듣기 위한 사람들로 연일 붐비게 된다. 당시 찾아오는 사람들이 얼마나 많았던지, 마룡리 일대 산길이 마치 시장바닥같이 붐볐다고 한다. 수운 선생 수양딸이 나이 80이 되었을 때, 당시 천도교 인사였던 김기전(金起田) 선생과 인터뷰를 한 기사를 읽어보면, 하루에 근 1백여 명이 찾아왔다고 한다. 특히 찾아오는 사람들은 예물로 곶감을 지니고 왔는데, 그 때 먹고 버린 곶감꼬치가 마치 산같이 쌓여 나무를 하러오는 사람들이 나무는 하지 않고 그 곶감꼬치만 짊어져 가도 군불꺼리는 충분하게 할 수가 있었다고 하니, 얼마나 많은 사람들이 다녀갔는지 가히 짐작할 수 있는 일이라 하겠다.

소문은 한 입 건너 두 입, 그렇게 퍼져나가, 스스로 수운 선생의 제자가 되겠다는 사람들의 숫자가 늘어나게 되었다. 후천의 새로운 도에 관

남원 은적암 터

한 이야기는 이제 용담을 중심으로 하는 경상도 일대만이 아니라, 더 먼 지역까지 널리 알려진 이야기가 되었던 것이다.

이렇듯 소문이 꼬리에 꼬리를 물고 퍼져나가자, 도에 관한 관심과 함께 잘못된 풍문이 나도는가 하면, 관(官)이나 당시 기득층 세력인 양반 사대부들에 의한 관심의 표적이 되기도 하였던 것이다. 특히 영남일대를 중심으로 하는 유학자들의 관심의 표적이 되었던 것이다. 따라서 서원(書院)을 중심으로 수운 선생의 가르침을 이해하지 못하는 유생(儒生)들이 관가 등에 탄압하라는 내용의 글을 올리게 되고, 관청에 압력을 넣어 은밀히 염탐하며, 탄압을 시도하곤 했었다.

이러한 상황 속에서, 수운 선생은 주변의 압력과 탄압을 몸으로 느끼고, 잠시 길 떠날 생각을 하게 된다. 서둘러 전라도쪽으로 떠날 계획이었다.

이제 막 겨울이 발끝까지 다가온 11월. 제자인 최중희 한 사람만

대동하고 길을 떠난 수운 선생은 전라도 남원(南原)에 이르게 된다. 어느 지역을 돌아 이 곳 남원까지 오게 되었는지는 정확한 기록이 없어 확인할 수는 없지만, 이 때가 신유년(1861) 중동(仲冬)이라 했으니, 동짓달 춥디추운 겨울이었을 것이다.

새로운 후천의 세상을 위한 한울님의 가르침을 세상에 펴려는, 즉 이제 막 포덕을 시작하려는 시기였는데, 일가 친척들의 시기와 질시, 그리고 유생들의 비방과 탄압, 관의 지목 등은 날로 그 도를 더하고 있었다. 이 때의 심경을 수운 선생은 다음과 같이 『용담유사』에 표현하고 있다.

> 아서라 이 내 신명 운수도 믿지마는
> 감당도 어려우되 남의 이목 살펴두고
> 이같이 아니 말면 세상을 능멸한 듯
> 관장을 능멸한 듯 무가내라 할 길 없네
> 무극한 이내 도는 내 아니 가르쳐도
> 운수 있는 그 사람은 차차차차 받아다가
> 차차차차 가르치니 나 없어도 다행일세
> 행장을 차려내어 수천리를 경영하니
> 수도하는 사람마다 성지우성(誠之又誠)하지마는
> 모우미성(毛羽未成) 너희들을 어찌하고 가잔 말가
>
> 〈교훈가〉 중에서

길을 떠나며 수운 선생은 오직 수도(修道)에 전념하는 제자들에 관한 걱정, 그들에 관한 생각에 괴로울 뿐이었다. 모우미성(毛羽未成)! 즉 날짐승에 비유한다면, 이제 털갈이도 못한 듯한, 수도에 막 발을 들여놓은 제자들을 생각하며, 수운 선생은 무거운 발을 들어 전라도 남원으로 떠나게 되었던 것이다. 어둡고 무거운 생각 속에 떠난 전라도 행은 어느 의미에서 수운선생에게는 새로운 계획과 전기를 다지는 계기가 되었는지도 모른다.

남원에 이른 수운선생은 남문 밖 저잣거리에 있는 서형칠(徐亨七)이라는 사람의 집에 머물게 된다. 서형칠은 당시 한약상을 하던 사람이었다. 수운선생과 서형칠이 본래부터 아는 사이였는지는 알 수가 없어도, 당시 수운선생의 제자중에는 인삼장사 등을 하는 사람이 있어, 이들 제자들이 알선을 하여 남원의 한약상인 서형칠의 집을 찾아온 것으로 생각된다.

서형칠은 수운선생의 인품됨됨이에 깊이 탄복하고는 자신의 집에 머물게 한 연후에 조석(朝夕)을 살펴주며, 수운선생의 가르침에 몰두하기에 이른다.

서형칠의 집에 머물던 수운선생은 다시 서형칠의 생질이 되는 공창윤(孔昌允)의 집으로 거처를 옮기게 된다. 이 곳에 머물며 수운선생은 서형칠·공창윤·양형숙·양국삼·이경구·양득삼 등을 포덕하기에 이른다. 바로 이들의 안내를 받아 교룡산성 속의 선국사로 가게 되고, 그 곳에서 산속으로 조금 떨어진 은적암에 머물게 되었던 것이다.

은적암(隱跡庵)이라는 이름은 수운선생 스스로 붙인 이름이다. 세상으로부터 그 자취를 감추고 은거하며 지내겠다는 수운선생의 생각이 깃들인 이름이다. 이 곳에 머물면서 수운선생은 천도교의 주요 경전중의 하나인 『논학문(論學文)』과 한글체 가사로 된 『도수사(道修詞)』·『권학가(勸學歌)』 등을 짓게 된다.

고루한 유학자들의 권위주의적인 탄압과 질시, 나아가 서학으로 오인하는 관의 지목을 피하여 길을 떠나게 되었고, 그리하여 이 곳 은적암에 머무는 동안 수운 선생은 바로 서학과 동학이 근본적으로 어떻게 다르며, 나아가 이들 유학과 동학이 어떻게 다른가를 설파하게 되고, 나아가 동학의 정수를 밝힌 글인 『논학문』(그래서 천도교의 많은 기록에는 『동학론』이라고 기록하고 있다)을 쓰게 된다. 즉 이 곳 은적암에서 수운 선생이 『논학문』을 짓는다는 것은 이와 같은 각별한 의미가 있는 일이라 할 수 있을 것이다.

따라서 당시 침략을 앞세워 자신만을 위하는 서학이 동학과 근본적으로 어떻게 다르며, 또한 유학이 지향하는 이상적인 세상과 동학이 지향하는 세상은 그 근원적인 맥락에서 어떻게 다른가를 설파하게 된다. 즉 유학이 지향하는 이상적인 세상은 요순(堯舜)의 시대, 즉 유교적인 태평성세로서, 요나 순과 같은 성군(聖君)이 나타나, 이들에 의하여 만민이 편안함을 누리는 세상인 것이다. 조선조의 그 통치이념이 유학이었음은 누구나 다 아는 사실이다. 따라서 이가 지향하는 세상 역시 그 관념적으로 요순의 태평성세가 된다. 그러나 수운 선생의 도는 유학과 같이 '요순과 같이 지배계층과 백성이라는 피지배 계층의 수직관계를 통한 태평성세'의 추구가 아니라, '한울님의 덕화에 의한 만민(萬民)이 모두 평등을 이루는 수평적 관계 위에서 이룩되는 지상천국'인 것이다.

바로 이러한 면에서 서학과 동학, 나아가 유학과 동학은 근본적으로 차이를 지니는 것이라고 하겠다. 따라서 서학이 지닌 지극히 개인적인 복록의 추구나, 유학의 권위주의적이고 봉건적인 이념과는 전혀 다른 동학의 정체성(正體性)을 밝히고자, 수운 선생은 추운 겨울 길을 떠나게 되고, 다시 이 곳 전라도 남원 깊디 깊은 산간에 자리한 은적암에 들어,

바로 서학과 동학이 어떻게 다르며, 유학과 동학이 근본적으로 어떻게 다른가를 설파한 『논학문』을 짓게 된 것이라고 하겠다.

이 곳 은적암에서 쓴 『논학문』에서 수운 선생은 "요순의 때에는 백성이 모두 요순이 되나, 지금 세상의 운은 세상과 더불어 한 가지로 돌아간다〔堯舜之世 民皆爲堯舜 斯世之運 與世同歸〕"라고 그 가르침을 펴고 있음을 볼 수 있다. 즉 요순이라는 성군, 또는 지배계층에 의하여 백성들이 수직적으로 그 덕화를 받지만, 지금의 세상은 후천개벽운에 의해 세상의 사람 모두가 같이 그 운으로 돌아가 동귀일체를 이룬다는 평등적·수평적 세상이라고 설파하고 있음을 볼 수 있다.

이러한 가르침 속에는 결국 당시의 통치이념인 유교적 질서를 과감히 벗어나

검무

는 그런 의미가 내밀히 담겨 있는 것이요, 동시에 봉건적 질곡을 벗어버리는 강한 의지가 담겨 있는 것이라 할 수 있다. 따라서 이러한 가르침이 담긴 『논학문』 등의 글과 「도수사」·「권학가」 등의 노래가 제자들에게 중요한 '가르침의 글'이 되었고, 나아가 후일 외세(外勢)의 침략과

봉건적 질곡을 벗어나려는 민중의 중요한 길잡이가 되었으며 후일 우리 나라의 근대화를 이루는 과정에서 소홀히 다룰 수 없는 사상의 중요한 맥이 되었다는 것을 우리는 잘 기억해야 할 것이다.

수운 선생은 바로 이 곳 남원 교룡산성 은적암에서 한 겨울을 보내 며, 후천 오만년의 길잡이가 될 중요한 '가르침의 글들'을 지었다. 그런 가 하면, 달이 밝은 밤이면, 홀로 묘고봉에 올라 〈검결(劍訣)〉이라는 '칼노래'를 부르며 검무(劍舞)를 추곤 하였다.

시호(時乎) 시호(時乎) 이내 시호 부재래지(不在來之) 시호로다. 만세 일지 장부로서 오만년지 시호로다.

선천 오만년의 때를 지나, 이제 새로운 후천 오만년이 열리는 바로 그 때라고 노래하며, "용천검 드는 칼을" 이제 써야 할 바로 그 때라고 수운 선생은 신명에 젖어 춤을 추고 또 노래를 했던 것이다. 그러므로 "호호망망 넓은 천지"에서 "용천검 날랜 칼은 일월을 희롱하고 게으른 무수장삼 우주를 덮는" 기개로서, 후천 오만년의 무궁한 대도를 펼칠 기 상을 이 곳 은적암에서 더욱 공고히 했던 것이다.

후천의 타락한 세상을 구하고, 그 세상의 질곡으로부터 사람들을 구 하고자 주유팔로(周遊八路)의 길을 떠나 세상의 민심 풍속을 살피고, 또 각고의 수련 끝에 한울님으로부터 무극대도를 받고, 그 가르침을 펼치 던 수운 선생. 권위주의적이며 보수적인 유생들과 봉건적 구도를 지닌 당시 관의 지목을 피해 이 곳 은적암에서 보낸 수운 선생의 한 겨울은 대도(大道)를 보다 넓고 크게 펴기 위한 '은적(隱跡)', 말 그대로 자취를 숨긴 모습이라고 아니할 수 없는 것이다. 이제 용이 되기 위한 잠재의 교룡(蛟龍), 그 교룡산성, 그윽한 은적암에서.

3

동학·천도교의 모든 기록에 의하면, 수운 선생이 은적암을 떠난 시기는 다음 해인 임술년(1862) 3월이다. 그러니 은적암에서 한 겨울을 보낸 것이다. 그러나 혹 이 은적암을 떠난 시기에 관하여 이론을 제기하는 분이 있어 주목이 된다. 이 곳 은적암에서 제자들에게 보낸 문건으로 생각되는 『통유문(通諭文)』에 의하면, "… 해가 바뀌고 달이 지나 거의 다섯 달에 이르러…(…歲換月踰 幾至五朔…)" 등의 부분이 보인다. 이 부분을 인용하여 '해가 바뀌고 달이 지나 다섯 달이 되었다'고 하였으니, 해가 바뀐 임술년에서부터 다섯 달이 지난 5월에 이 곳 은적암에서 이 『통유문』이 쓰여졌다는 해석이다. 그러니 수운 선생은 임술년 3월 이후에도 은적암을 떠나지 않고 계속해서 이 곳에 머물러 있었다는 해석이 된다.

그러나 사실 이러한 해석은 다소 문제를 지니고 있다. "해가 바뀌고 달이 지나 다섯 달이 되었다"라는, '다섯 달'에 대한 해석은 해가 바뀐 임술년 1월에서부터 적용되는 것이 아니라, 수운 선생이 길을 떠난 전 해인 신유년 11월에서부터 적용되는 것이라고 봄이 타당할 것이다. 따라서 이 『통유문』이 쓰여진 시기는 아직 수운 선생이 은적암에 있던 임술년 3월이고, 수운 선생이 은적암을 떠난 시기가 임술년 3월이라는, 동학・천도교의 모든 기록을 부인할 아무러한 단서도 되지 못할 것으로 짐작된다.

은적암을 떠난 수운 선생은 현(縣)의 서쪽에 있는 백사길(白士吉)이라는 제자의 집에 잠시 머물다가, 다시 박대여(朴大汝)라는 제자의 집에 머문다. 이 곳에서도 역시 수운 선생은 은거하며, 아무에게도 거처하는 곳을 알리지 않고 보낸 세월이었다. 일체의 번거로움을 피하고, 또 마음이 스스로 통하는 사람이 있으면 자연 알게 될 것이라는 생각 속에서 그렇게 했다고 한다. 즉 아직 관으로부터의 지목이 심하고, 그래서 세상에 선뜻 모습을 나타내기 싫었기 때문으로 생각된다.

그러나 뒷날 수운 선생으로부터 도통(道統)을 이어받고 천도교의 2

남원 교룡산 전경

4. 남원 은적암

세 교조가 된, 해월 최시형은 스스로 마음에 집히는 바가 있어 박대여의 집으로 수운 선생을 찾아왔다고 한다. 마음이 통하면, 아무리 먼 곳이라고 해도, 또 아무리 서로 모르는 곳이라고 해도 이렇듯 서로가 서로를 알 수 있음을 이는 잘 보여주고 있는 한 실예이다.

오랜만에 마주한 스승과 제자는 그간의 안부와 함께, 마음 공부에 관하여 이야기를 나눈다. "반 종지의 기름으로 스무 하루의 밤을 밝히면서 수련을 했다"는 해월 선생의 말에 수운 선생은 '한울님 조화의 크나큰 힘'을 설파하고, 해월 선생에게 비로소 포덕하도록 허락을 하게 된다.

아마도 은적암에 머물 때에 이미 수운 선생은 당신의 도를 큰제자 해월에게 이어주리라는 마음을 먹었을 것으로 생각된다. 나날이 조여오(大道)를 이어나갈 제자를 생각하게 하고, 또 보다 조직을 강화시키는 접주제(接主制)를 생각하게 했던 것으로 여겨진다. 그러므로 이러한 생각을 보다 구체적으로 한 것은 수운 선생이 길을 떠나 남원 교룡산성 안, 은적암에 머물며 보낸, 그 한 겨울이 아니었나 생각을 해볼 수 있는 일이다.

초기 동학에 대한 탄압과 지목 이후에, 보다 공고히 도를 확립하고 포덕을 위한 조직의 정비를 깊이 생각했던, 신유년에서 임술년으로 이어지는 한 겨울, 수운 선생은 바로 이 곳 은적암에 들어 달 밝은 밤이면, 묘고봉에 올라 〈검결〉을 부르며 검무를 추며, 천지와 하나됨을 더욱 실감하였고, 그러므로 더욱 깊이 무극대도 후천 오만년의 첫 계획인 도통(道統)의 전수와 동학의 중요한 정신적인 조직인 접주제를 생각하였을 것으로 보인다. '교룡(蛟龍)', 그 잠재의 무궁한 가능성을 생각하며, 교룡산성, 그 품에 그윽이 들어 있는 은적암, 그 곳에서.

5
경주감영(慶州監營)

수운 선생이 경주감영에 갈 때 머리에
서기(瑞氣)가 어리고, 이에 빨래하던
여인네들이 모두 우러러 보았다.

✦ 쉬어가는 곳 ✦

1

경주시내 한복판에 자리하고 있는 경주감영은 한때 경주박물관이 들어 있던 곳이다. 새로이 경주박물관을 짓고 자리를 이전한 뒤에 이 감영 자리를 경주의 문화예술단체에서 맡아 지금은 '문화예술대학' 등 경주의 문화예술을 위한 사무실로 쓰고 있다.

아직 보존과 보수가 잘된 한옥 건물의 옛 경주감영을 찾아갔을 때에는 감영이 지니고 있는 삼엄한 분위기는 전혀 찾을 수가 없고, 은행나무가 그 노란 잎을 물들이며 서 있는, 어느 고궁의 한 부분 같은 고적함과 단아한 분위기를 자아내는, 그런 곳이었다. 본건물과 부속건물들, 그리고 비석이나 다소의 유물이 보관되어 있는 건물이 그림같이 고요롭게 서 있을 뿐이었다.

수운 선생이 태어난 가정리는 한때 월성군(月城郡)에 속해 있던 마을이지만, 지금은 행정구역명이 바뀌어, 경주군(慶州郡)으로 되어 있다. 그런가 하면, 수운 선생이 생존하던 그 때도 역시 모든 문화·행정 등이 경주에 속해 있던 지역이기도 하다. 따라서 행정적인 조치나 문화적인 영향·간섭 등을 모두 경주로부터 받아왔다. 그러므로 수운 선생이 관의 지목을 피해 남원의 은적암으로 떠난 것 역시 경주감영으로부터 지목을 받았기 때문이다.

그런가 하면, 은적암에서 돌아온 이후, 한때 감영에 구금된 바가 있었는데, 이 역시 경주감영이었다. 이렇듯 경주영에서는 수운 선생을 혹세무민의 사술(邪術)로 세상 사람을 속이고, 또 이 사술을 편다는 명목으로 지목과 감시, 나아가 탄압을 했던 것이다.

임술년(壬戌年: 1862) 9월 수운 선생이 경주영에 감금된 연유에 관해서, 동학·천도교의 많은 기록들을 볼 것 같으면, 윤선달이라는 사람과 감영의 영장(營將)이 부린 농간에 의한 것이라고 되어 있다.

『도원기서(道源記書)』등의 기록에 의하면, 윤선달이라는 사람이 영장을 부추겨 "이 고을에 최선생이라는 사람의 제자가 천 명이나 되는데, 만약 이 최선생을 잡아다가 다스리게 되면, 제자 한 사람마다 돈 한 꿰미씩만 가지고 오라고 해도, 금방 천 냥 이상이 될 것이다. 잡아서 다스리는 것이 어떻겠습니까?" 하며, 못된 충동질을 하여, 이 영장이 차사(差使)들을 보내 수운 선생을 감영으로 잡아들였다고 되어 있다.

또한 감영으로부터 수운 선생이 풀려난 연유는, 첫째 수운 선생이 영장으로부터 일종의 심문을 받을 때, 그 위의(威儀)와 품위를 잃지 않고 이치를 따져 대답했기 때문이요, 둘째로는 700여 명의 제자들이 관문(官門)에 몰려와 항의농성을 하였기 때문이라고 되어 있다.

이와 같은 경주감영으로부터의 수운 선생 체포·구금 사실을 분석해 봄으로써 우리는 다음과 같은 몇 가지 사실을 발견할 수가 있다. 첫째, 당시 관의 부패함과 무능함을 찾을 수가 있다. 윤선달이 영장을 부추긴 것과 같이 당시의 관은 모든 면에 있어서 공사(公私)를 구분하지 못하고, 공직자의 개인적인 영리에만 급급했음을 알 수가 있다. 둘째, 당시 수운 선생을 따르던 제자의 숫자가 상당히 많았다는 점이다. 수운 선생의 구금소식을 듣고 갑자기 모여들어 관에 항의농성을 한 제자의 수가 700여 명이나 된다니, 이는 결코 적은 수가 아님을 알 수 있다. 셋째,

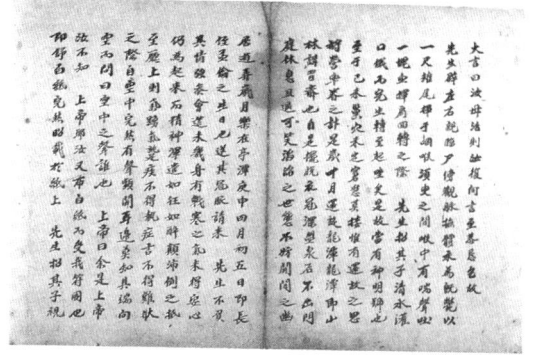 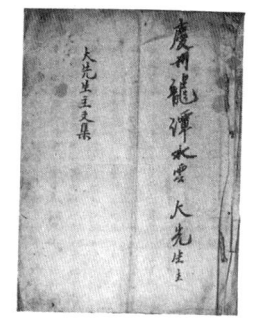

수운 선생 문집

당시의 어떤 환경적인 위해(危害)나 탄압에도 조금도 굴하지 않던 수운 선생의 모습을 우리는 이와 같은 기록에서 읽을 수가 있을 것이다.

그러나 이와 같이 겉으로 드러난 사실 이외에, 그 내면에 작용한 보다 근원적이고 본질적인, 수운 선생을 비롯한 동학에 대한 탄압의 사실들을 이러한 기록의 문면(文面)을 통하여 찾을 수가 있을 것으로 생각된다.

2

이보다 먼저 수운 선생은 신유년(1861)에 관의 지목을 피하여 남원 은적암에 머물게 된다. 그 이후에도 관의 지목 등으로 제자들이 시달리고 있는 사실을 알고, 통문(通文)을 돌리어 각별히 조심하도록 당부를 하기도 한다. 또한 이러한 관의 지목이 본격적으로 전개되어, 조정(朝

廷)으로부터 관원이 파견되어 경주와 용담 근처를 배회하며, 시장과 마을의 사람들을 대상으로 탐문수사를 벌린 사실도 있었다. 그런가 하면, 직접 관원들을 수운 선생에게 보내 동학에 입도하러 왔다고 속여 상황을 탐문하기도 했다.

이렇듯 수운 선생은 오랜 동안 관으로부터 집요한 지목과 박해를 받았고, 끝내 그 지목이 확대되어 조정에서 파견한 선전관(宣傳官)에게 체포되어 참형을 당하는 지경에까지 이르게 된다. 이러한 지목의 결과로, 최초로 관이 직접 개입되어 수운 선생을 구금한 곳이 경주감영이다. 따라서 경주감영은 수운 선생을 국가적 차원에서 공식적으로 탄압한 최초의 감영이며, 오랜 동안 동학이 박해와 지목 속에서 은도(隱道)의 시대를 힘들게 걸어오게 한 최초의 그 자리라고 말할 수 있을 것이다.

그러면 어떠한 연유에서 당시 관과 조정은 수운 선생을 지목하고 체포·구금·참형이라는 어마어마한 형벌을 내리게 되었는가?

먼저 혹세무민(惑世誣民)이라는 죄명을 달아 관은 수운 선생을 체포하게 된다. 이 혹세무민의 증거로 관은 수운 선생이 펼친 무극대도가 사람을 속이는 사술(邪術)이라고 이야기하고 있다. 처음 경주감영에 구금되었을 때, 영장이 수운 선생을 문초하여 "너는 일개 한사(寒士)로 무슨 도덕이 있어 많은 선비를 제자로 거느리고 세상을 조롱하며 이름을 얻어, 술가(術家)의 말을 하는가? 너의 의술(醫術)은 의술이 아니요, 박수는 박수가 아니요, 무당은 무당이 아니다. 그런데도 사람들을 술수로 헤아리니 무슨 이유인가?"라고 물었다고 한다. 즉 수운 선생이 혹세무민의 사술로써 세상 사람들을 속이고 있다고 생각했던 것이다.

둘째로 조정은 수운 선생의 도를 서도(西道)라고 혐의하여 체포를 한다. 특히 당시 용담 일대의 많은 마을 사람들이 수운 선생을 비롯하여 동학을 서학이라고 음해하고 있음을 볼 수가 있다. 『용담유사』의 구절을 살펴보면, 이런 면이 아주 잘 나타나고 있다.

> 요약한 고인물이 할말이 바이없어
> 서학이라 이름하고 온 동네 외는 말이
> 사망년 저 인물이 서학에나 싸잡힐까
> 그 모르는 세상 사람 그거로사 말이라고
> 추켜들고 하는 말이 용담에는 명인 나서
> 범도 되고 용도 되고 서학에는 용터라고
> 종종걸음 치는 말을 역력히 못할러라
>
> 〈안심가〉 중에서

이와 같은 음해가 결국 수운 선생의 도를 서학이라고 오해시키게 되었고, 조정에서 체포하는 중요한 단서가 되기도 했던 것이다.

셋째로는 수운 선생이 당시 조정에 대한 불만세력들을 모아 난리를 일으키려 한다고 조정에서는 보았던 것이다. 특히 수운 선생이 지은 〈검결(劍訣)〉과 이 〈검결〉을 부르며 추는 검무를 들어 이런 류의 추측을 했던 것으로 나타나고 있다. 조정에서는 수운 선생을 비롯하여 당시 같이 붙잡혔던 여러 제자들을 두루 심문하고는 "이른바 〈포덕문〉이라는 것은 겉으로 거짓을 꾸미고, 몰래 화를 일으킬 마음을 기르고자 하는 것이다. 주문과 약, 그리고 칼춤은 평화시에 난을 꾸미려 하고, 은밀하게 당을 모으고자 하는 짓이다"라는 결론을 내려, 다시는 그런 일이 일어나지 않도록 널리 경계하도록 참형을 시킬 것으로 판결을 내렸던 것이다.

즉 수운 선생은 관으로부터 '사술(邪述)'·'서학(西學)' 또는 '난(亂)'을 꾸미려는 음모' 등의 혐의를 받고 지속되는 지목과 조사를 받게 된다. 그러면 이렇듯 관과 조정으로부터 지목을 받게 되는 데에는 어떤 이유와 원인이 있는 것인가? 이는 다름 아니라, 당시 유림(儒林)이라는 보수세력과의 갈등이 가장 큰 원인이 되었다고 하겠다.

기록에 의하면, 경상도의 유림들이 조정에 수운 선생 체포를 요청하는 글을 써 올렸다고 전한다. 수운 선생의 가르침이 유학의 근본과 배치되며, 나아가 도덕을 어지럽힌다는 이유이다. 당시로 볼 때에 이와 같은 유림들의 견해는 충분히 있을 수 있는 일이라고 하겠다. 수운 선생의 가르침은 유교적·봉건적 보수주의의 입장에서 볼 때에, 자신들이 펴고 있는, 이른 바 이륜(彝倫)을 해치고 질서를 파괴하는 것으로 보였기 때문인 것이다.

수운 선생의 가르침이란 근본적으로 그 준표가 당시의 집권층인 양반에 있었다기보다는 고난을 겪는 민중에게 있었고, 나아가 당시의 시대적인 위기나 혼돈을 극복할 수 있는 힘의 주체가 자신을 포함한 민중이라고 그 가르침을 펼쳤기 때문이다. 따라서 당시 보수적인 유교의 질서로 볼 때에는 이러함은 곧 반역이며, 윤리를 어지럽히는 사술이 아닐 수 없는 것이다.

그러므로 이들 유림들은 조정에 진정을 하게 되고, 수운 선생을 체포하도록 글을 올렸던 것으로 생각된다. 즉 이러한 현상은 오랫동안 우리나라에 침식되어 있던 봉건주의적 질서를 거부하고, 새로이 인간의 본성을 회복하고자 했던, 그러므로 머지않아 맞이할 20세기라는 만인평등의 근대적 세계를 열어갈 새로운 수운 선생의 가르침과 봉건적 보수주의를 고수하고자 했던 유림들의 관념이 서로 부딪친 갈등의 가장 구체적인 모습의 하나라고 할 수 있는 것이다. 당시 관(官)과 조정은 보수세력의 가장 분명한 집합이었고, 따라서 새로운 세기를 열어가고자 했던 수운 선생은 바로 이들에 의하여 관의 지목과 조정의 참형이라는 어마어마한 형을 받게 된 것이다.

3

유학은 조선조의 통치이념이 된다. 즉 유교적인 질서 위에서 사회제도·경제체제·정치제도 등이 모두 이룩된다. 그런가 하면, 이러한 유교적인 관념과 질서는 당시의 일반대중인 백성에게도 중요한 삶의 기틀이 되었음도 또한 사실이다. 그러므로 당시로서는 반유학적(反儒學的) 사유나 질서가 새로이 형성되거나 또한 들어온다면, 이에 대한 거부가 일어나는 것은 당연한 현상이 아닐 수 없다. 특히 자신들이 지닌 입지(立地)나 권익에 이들이 영향을 주게 된다면, 이는 더욱 심할 것이다.

유교적인 이념이 당시 사회의 중요한 바탕이 되고 있었다면, 당시의 집권층이며 상층계층인 양반들은 다름 아니라 이러한 유교적인 질서 위에서 형성된 집권층이며 상층계층이 된다. 따라서 유학이 아닌 다른 질서의 체계가 들어오거나 생겨나게 되면, 이들에 가장 민감할 수 있는 계층이 바로 이들 집권층이 아닐 수 없다. 당시 서양에서부터 들어온 서학이나 수운 선생의 동학이나, 실은 이들 지배계층에게 있어 자신들의 이념과 입지를 위험하게 한다는 면에서는 같은 것이 되고 있었던 것이다. 그러므로 이들 집권층이 수운 선생의 가르침을 서학으로 오해하는 것은 당연한 논리라고 하겠다.

경주감영은 바로 이러한 당시 집권층이라는 보수세력의 한 상징이 된다. 또한 후천개벽이라는 새로운 세계를 열어갈 수운 선생의 가르침과 봉건적 구습(舊習)이 가장 구체적으로 만나 갈등을 일으킨 최초의 자리라고 할 수 있다. 그러나 수운 선생은 조금도 이에 굴하지 않고, 위의와 품위를 갖추어 영장(營將)을 꾸짖었고, 이들 보수세력 앞에서 조금도 주저하지 않고 자신의 가르침을 당당히 펼쳤던 것이다.

수운 선생의 모습

갑오 동학혁명은 다름 아니라, 바로 이러한 보수의 세력에 맞서 싸운, 후천개벽의 시대를 열어가고자 했던, 의지의 또다른 표현의 하나이다. 나아가 수운 선생이 관과 조정의 지목 앞에서 당당히 펼쳤던 가르침의 그 구체적인 모습이며, 실천의 하나라고 하겠다.

경주감영. 이제는 경주의 문화예술인들을 위한 사무실과 강의실로 변모하여, 복잡한 시내 한 귀퉁이에 서 있는 경주감영. 수백 년 늙은 은행나무만이 묵묵히 자리를 지키며, 해마다 은행을 열고 떨구므로, 다만 세월의 변화를 알리는 그 곳. 이제는 수운 선생의 가르침과 보수의 탄압이 최초로 만났다는 그 옛날도 잊어버린 듯. 아직 우리의 사회에는 그 때보다 더 많은 보수와 독선(獨善)이 독버섯처럼 자라고 있어, 수운 선생의 그 가르침이 조금도 이 지상에 천명(闡明)되고 있지 못하다는, 그 사실을 조금도 모르는 듯 홀로 서 있을 뿐이다.

은행나무 그 노란 잎만이 세월 속으로 하나둘 물들어 가고 있을 뿐이다.

❖ 쉬어가는 곳 ❖

6

흥해(興海) 매곡동(梅谷洞)

흥해 매곡동 손봉조의 집에 머물며,
수운 선생이 신필(神筆)을 얻는 광경

✤ 쉬어가는 곳 ✤

1

 수운 선생이 관의 지목을 피하여 길을 떠나 남원 은적암에서 한 겨울을 내고 돌아온 것은 임술년(壬戌年: 1862) 3월이 된다. 스승인 수운 선생이 돌아오자, 그간 뜸했던 도인들이 다시 모여들게 되고, 용담은 다시금 사람들의 발길로 번거롭게 되었다.

 그러므로 용담과 수운 선생은 다시금 관의 지목의 대상으로 떠오르게 되었다. 은적암에서 돌아와 봄과 여름을 보내고 가을을 맞아, 경주감영의 감시와 지목은 더욱 강화되고 있었다. 이럴 즈음에 감영의 한 영장(營將)이 수운 선생을 감영으로 잡아 감금하는 사태가 벌어진다. 동학의 많은 기록에는 이 때가 임술년 9월 29일이라고 되어 있다. 이 때 경주감영까지 몰려가 항의를 했던 도인들이 기록에 의하면 6~7백 인이나 되었다고 한다.

 감영에서 10일 정도를 머물다가 풀려나온 수운 선생은 이내 용담을 잠시 떠나 머물 곳을 찾게 된다. 마침 해월 선생이 검곡의 집으로 모시고자 했는데, 수운 선생은 해월 선생의 집은 좁다고 하며, 머물기를 사양했다고 한다. 해월 선생의 집이 너무 좁다고 말한 것은 다름 아니라, 수운 선생이 머무는 곳에서 개접(開接)을 열 생각이 있었기 때문으로 생각된다. 다시 말해서 각 지역 동학의 책임자인 접주(接主)를 정하는 대회의를 가지려면, 많은 사람들이 모이게 되고, 그러면 필연적으로 큰 집에서 모여야 하기 때문에 그런 것이다. 그러므로 수운 선생은 자신의 처소를 바로 이 곳 흥해(興海) 매곡동(梅谷洞)에 있는 손봉조(孫鳳祚)의 집으로 잡게 되었다.

이 곳 매곡동에 머물면서 수운 선생은 아이들과 습자(習字)도 쓰며, 나름대로 세월을 보낸다. 그런가 하면, 이렇듯 글을 쓰면서 신필(神筆)을 얻고자 노력을 하였다는 기록도 또한 있다. 즉 이 곳에서 머물며 수운 선생은 『동경대전』 가운데 〈필법(筆法)〉이라는 글을 쓴 것으로 생각된다.

수운 선생이 남긴 유일한 친필 '龜'

수운 선생은 이 곳 흥해 매곡동 손봉조의 집에서 과세(過歲)를 하는데, 섣달 그믐을 맞아 각처의 동학 지도급 인사들을 모이게 하고, 이들로 하여금 각처의 접주를 정하기에 이른다. 이 때 접주를 정한 것을 『도원기서』에서 볼 것 같으면 다음과 같다.

경주부서(慶州府西)는 백사길(白士吉)·강원보(姜元甫). 영덕(盈德)은 오명철(吳明哲), 영해(寧海)는 박하선(朴夏善), 대구(大邱)·청도(淸道) 일대는 김주서(金周瑞)로 정하고, 청하(淸河)는 이민순(李民淳), 연일(延日)은 김이서(金而瑞), 안동(安東)은 이무중(李武中), 단양(丹陽)은 민사엽(閔士葉), 영양(英陽)은 황재민(黃在民), 영천(永川)은 김선달, 신영(新寧)은 하치욱(河致旭), 고성(固城)은 성한서(成漢瑞), 울산(蔚山)은 서군효(徐君孝), 경주본부(慶州本府)는 이내겸(李乃謙), 장기(長機)는 최중희(崔仲羲)로 정하였다.

『도원기서』

　이와 같은 기록을 중심으로 볼 때에 당시 동학은 창도된 지 불과 3년뿐이 되지를 않았는데도, 경상도 일대는 물론 충청도 일부에까지 그 분포의 지역을 넓혀가고 있었음을 볼 수가 있다. 특히 경주를 중심으로 경주 이북지역이 동학의 주 활동지역이라는 것을 우리는 이와 같은 자료를 통하여 알 수가 있게 된다. 따라서 이와 같은 점으로 본다면, 흥해는 그 지역적으로 당시 동학이 분포되어 있던 지역의 중심지 정도가 되는 곳이기도 하다. 그러므로 수운 선생은 지목이 심한 경주감영의 영향권을 벗어나, 동학분포의 중심지이며, 또 경주에서도 가까운 이 곳 흥해에서 각 지역의 접주를 임명하는 접주제를 시작한 것이 아닌가 생각되기도 한다.

　또한 위의 기록을 보게 되면, 당시 중요한 접주의 이름에서 해월 선생의 이름은 보이고 있지를 않는다. 당시 해월 선생의 이름은 최경상(崔慶翔)이었다. 이미 이 때 해월 선생은 입도한 지도 오래 되었고, 또 많은 지역의 사람들도 포덕을 하여, 수운 선생의 신임을 단단히 받고 있던 사람의 한 사람이다. 그러나 접주의 명단에서는 해월 선생의 이름이 빠져 있다.

　그러나 이와 같이 접주제를 확립한 이후 이내 수운 선생은 해월 선생에게 도통을 전수해 주게 된다. 따라서 수운 선생은 당시 해월 선생에게는 도통전수라는 막중한 임무를 맡기기 위하여, 일반 접주의 명단에서는 뺀 것이 아닌가 생각된다.

이와 같이 각처의 접주를 정하여 주므로 이제 동학이 그 본격적인 조직체로 그 모습을 바꾸어 나가고 있는 것이라고 하겠다. 즉 수운 선생은 관의 지목을 피하여 남원 은적암에서 한 겨울을 나기도 하였고, 또다시 경주로 돌아온 이후 경주감영에 구금이 되는 일까지 겪게 된다. 이와 같은 상황에서 동학을 유지 발전시키기 위해서는 제도적인 교단조직이 필요했을 것으로 생각된다. 따라서 경주와는 지역적으로 다소 떨어지고 또 어느 정도 중심이 될 수 있는 이 곳 흥해 매곡동 손봉조의 집을 접주제를 만드는 첫 장소로 삼은 것이라 하겠다.

흥해 매곡동 손봉조의 집은 이렇듯 동학이 새로운 조직적인 변모를 시도한 첫 장소로서 그 의미를 지니는 곳이라고 하겠다. 따라서 훗날 일어나게 되는 동학혁명의 중요한 조직체의 근원을 이룬 곳이며, 동시에

접주제를 처음 실시한 흥해 매곡동 손봉조의 집

동학의 교단 조직을 제도화한 첫 장소로서의 의의를 지닌다고 하겠다.

2

'접(接)'이란 본래 '모임'을 뜻하는 낱말이다. 따라서 우리나라에서 오래 전부터 일반적으로 쓰여오던 말이기도 하다. 즉 과거(科擧)를 보고자 준비하는 유생(儒生)들의 모임 등을 일컬어 '접'이라고 부르기도 하였다. 또 이들의 우두머리를 '접장(接長)', 또는 '접주(接主)'라 하기도 하였다. 이러한 용어를 수운 선생은 그대로 받아서 동학의 조직에 사용한 것이라고 하겠다.

즉 수운 선생은 자신으로부터 도를 받은 사람들을 모두 '용담연원(龍潭淵源)'이라고 부르고 있다. 다시 말해서 한울님으로부터 무극대도를 받은 용담을 기점으로 하여 그 도(道)가 이어져 내려왔다는 의미가 이에는 담겨져 있는 것이다. 또한 이렇듯 자신으로부터 도를 받은 사람들이 각처로 나아가 또 도를 전하게 되고, 그러므로 용담연원은 그 규모를 보다 넓혀가고 있었던 것이다. 따라서 수운 선생은 각처의 지도자를 명해야 할 필요성을 느끼게 되고 이렇듯 접주를 정하게 된 것이다.

이와 같은 면을 잘 살펴보면, 동학의 접은 단순한 사람들의 집합이나 모임이 아니라, 도를 주고받은 서로의 사승관계(師承關係)에서 이룩된 모임임을 알 수가 있다. 즉 '도(道)'를 통하여 서로가 영적(靈的)인 깨달음을 중심으로 하는 모임이라는 말이 된다. 따라서 접주는 단순한 지도자가 아니라, 그 접의 스승의 위치에 있으며, 나아가 영적인 지도자가 된다고 하겠다.

뒷날 동학은 이 접의 조직 이외에 '포(包)'라는 조직을 갖게 된다. 이 '접'과 '포'의 관계에 있어, 포(包)가 접(接)보다는 상위개념인 양 쓰인 예를 찾을 수가 있다. 즉 여러 '접'이 합하여 하나의 '포'를 이룬 것인 양 쓰인 것을 보게 된다. 그러나 그 쓰임을 잘 살펴보면, '포'가 꼭 '접'의 상위개념이라고 말할 수는 없는 듯하다.

'포'가 때로는 '접'보다는 큰 개념 같기도 한데, 그 쓰임을 보면, '포'와 '접'은 그 기능상 서로 다른 것이 아닌가 생각된다. 즉 위에서 말한 바와 같이 '접'은 영적 깨달음을 중심으로 하는, 즉 도를 서로 주고받는 사승(師承)과 연원(淵源)에 의한 조직이 된다. 그러므로 지역적인 연고나 이러한 것이 전혀 고려되지 않고, 다만 도를 주고받은, 전도자(傳道者)와 수도자(受道者)의 관계 위에서 이룩되는 것이라면, '포'는 이와 같은 접 조직에 지역적인 성격이 가미되어 보다 인위적인 면이 강조된 모임이 된다고 하겠다. 따라서 이 '포'는 어떠한 운동의 실천을 위하여 더욱 요구되는 모임이기도 하다. 따라서 해월 선생은 바로 동학혁명에서 이와 같은 포와 접을 유용하게 활용하므로 그 전개를 해나간 것이라고 하겠다.

따라서 수운 선생 당시에는 포의 조직은 없었고 오직 접의 조직만 있었다고 할 수가 있다. 즉 동학이 관으로부터 탄압을 받게 되고, 그러므로 위기를 느끼게 된 수운 선생은 보다 동학의 교단을 제도화하고, 또 조직화하기 위하여 임술년(1862) 12월 말일 동학의 영적인 조직으로 '접'을 이 곳 흥해 매곡동에서 이루게 된다.

이는 곧 수운 선생 스스로 쓴 시(詩)인 "용담의 물이 흘러 네 바다의 근원이 되고, 구미산에 꽃이 피니 온 세상이 꽃이다〔龍潭水流四海源 龜岳春回一世花〕"라는 구절과 같이 용담을 중심으로 하는 도의 연원이 온 세상에 퍼지고 퍼져 이내 봄빛과 같은 지상천국을 이루고자 하는, 그러한 염원의 구체적인 표현이라고 하겠다.

뒷날 수운 선생으로부터 도를 이어받은 해월 선생은 다시 개접(開接)을 하므로, 오랫동안 끊겼던 개접의 의미를 다시 살리고 있다. 즉 무인년(戊寅年: 1878) 7월 25일 유시헌(劉時憲)이라는 접주의 집에서 오랫동안 끊겼던 접을 다시 열고 그 개접의 의미를 다음과 같이 설파하고 있음을 볼 수가 있다.

> 우리 도의 개접이라는 것은 무엇을 말하는 것인가? 선생님이 계실 때에 파접(罷接)의 이치가 있었고, 그런 까닭에 지금에 와서 개접을 하는 것이다. 이는 문사의 개접이 아니다. 천지의 이치는 음과 양이 서로 합하여 일월과 밤낮의 나뉨이 있고, 또 열두 때가 있어, 이로써 원형이정의 수가 정해지는 것이다. … 선생께서 하늘에서 도를 받았기 때문에 행하는 것도 하늘로부터 하였고, 닦는 것도 하늘로부터 하는 것이다. 이러하기 때문에 하늘에게 개(開)하고 하늘에 접(接)하는 것이니, 하늘에서 운을 받고 하늘에서 명을 받는다는 개접(開接)의 이치를 이루는 것이다. 어찌 마땅한 것이 아니겠는가?

접을 연다는 '개접(開接)'은 다만 어떤 모임을 만드는 것이 아니라, 한울님으로부터 받은 도를 열고〔開〕, 그 한울님과 접(接)한다는 어마어마한 의미가 담겨진 것이라고 설명하고 있다. 즉 한울님의 도를 열어 이어나간다는 매우 종교적이고, 또 영적인 의미가 이에는 담겨진 것이다.

3

오늘 흥해 매곡동은 행정구역상 경상북도 포항시 흥해읍 매산리로 되어 있다. 포항시에서 7번국도를 타고 가게 되면, 흥해읍을 만나게 된다. 이 곳 흥해에서 다시 신광면 방향으로 차량으로 5분 정도 가게 되면, 매산리라는 마을을 만나게 된다.

매산리는 신곡골과 매일 두 개의 자연부락으로 구성되어 있고, 지금은 20여 호의 농가가 있다. 마을의 뒤쪽으로는 해발 400미터쯤 되는 도움산이 자리하고 있고, 마을의 앞으로는 조그마한 냇물이 흐르는 전형적인 한국의 농촌마을의 형태를 띠고 있는 곳이다.

마을의 왼쪽에는 용연(龍淵)이라는 이름의 저수지가 있다. 이 곳 매곡동에는 현재에도 수운 선생이 머물며 처음 접주제(接主制)를 펴던 손봉조의 집이 남아 있고, 또한 손봉조의 후손들이 살고 있다고 한다.

최근에는 이 곳 매곡동에서 그리 멀지 않은 곳에서 온천이 나와 개발이 한창이다. 이름하여 신광온천이다. 또한 이 곳 신광온천이 자리하고 있는 넓은 광장 한 끝에 천도교 동덕들이 정성을 모아 해월 선생을 기리는 〈어록비(語錄碑)〉를 세우기도 하였다.

흥해는 지형적으로 해월 선생이 살던 검곡과 아주 가깝고, 또 수운 선생이 거처하며 도를 펴던 용담과도 먼 거리가 아니다. 따라서 일찍부터 동학이 자리한 곳이기도 하다.

또한 흥해는 예나 지금이나 행정구역상 경주부와는 떨어져 있는 곳이었기 때문에, 경주감영으로부터 지목과 감시를 받아온 수운 선생이 몸을 의탁하여 머물기에 적합한 곳이고, 또한 수운 선생의 큰제자인 해월 선생이 거처하는 검곡과도 가까운 곳이기 때문에 더욱 수운 선생이 이곳에 머물며 많은 일을 할 수 있었던 것으로 생각된다.

특히 수운 선생은 이 곳 손봉조 집에 머물면서 접주제를 확립하고는, 다음해인 계해년(癸亥年: 1863) 새해 첫날에 한울님으로부터 결(訣)을 받아, 시를 쓰게 된다. 이가 『동경대전』에 나오는 〈결(訣)〉이라는 제목의 시가 된다. 이 시는 당시 접주임명을 받기 위하여 모인 제자들에게 마음을 조급하게 갖지 말고 때를 기다리라는 의미를 전하기 위하여 쓴 시로 생각된다.

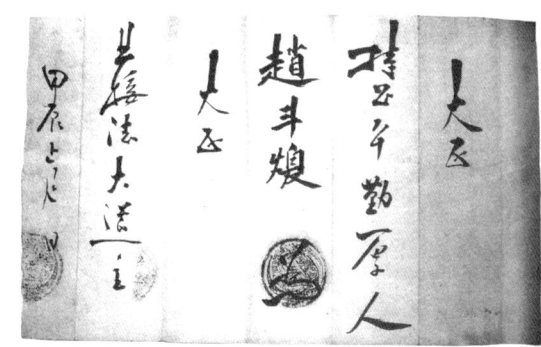
동학교도 접주임명장

즉 시의 내용을 보면, "도를 묻는 오늘, 아는 바 무엇인가. 뜻은 새해 계해년에 있도다〔問道今日何所知 意在新元癸亥年〕"라는 구절을 통하여 수운 선생 스스로 다가올 새해인 계해년을 기약하면서, 이어서 "공을 이룬 지 얼마만인데, 또 때를 만나겠느냐? 늦는다고 한탄하지 말라. 그렇게 되는 것이다〔成功幾時又作時 莫爲恨晩其爲然〕"라고 말하므로, 지난 경신년(1860)에 한울님으로부터 무극대도를 받는다는 그 결정적인 때를 만난 것이 얼마 되지 않는데, 벌써 조급하게 공을 이루려고 서두르지 말 것을 당부하는 모습을 우리는 읽을 수가 있는 것이다.

또한 이어서 "지난 해 서북에서 좋은 벗들이 찾아오니, 훗날 알리라 우리의 이 집에서의 그날 그 기약을〔去歲西北靈友尋 後知吾家此日期〕"이라고 노래하므로, 지난해인 임술년 납일(臘日)에 이 곳 손봉조의 집에서 모이어 접주제를 이룬 그 일을 회상하며, 훗날 바로 이러한 접주제가 중요한 일의 계기가 될 것이라고 말하고 있음을 볼 수가 있다. 즉 당시 모인 접주들은 주로 서북쪽에서 온 동학의 지도자들이었다. 그러므로 수운 선생은 이를 "서북쪽에서 영통한 친구들이 찾아왔다〔西北靈友尋〕"라고 말하고 있으며, 이 곳에서 이룩한 접주제가 곧 앞날의 동학을 이끌어가고, 새로운 세상을 열어갈 중요한 기틀이 될 것이라는 확신 속에서, "뒷날 이 기약을 알게 될 것〔後知吾家此日期〕"이라고 말하고 있는 것이다.

이와 같이 흥해 매곡동 손봉조의 집에서 열린 접주제는 동학의 앞날을 열어가는 매우 중요한 모임이었다고 하겠다. 이러한 '접(接)'의 구성은 동학의 신앙적 공동체를 이루는 중요한 원천이 되었고, 훗날 갑오 동학혁명을 일으키는 중요한 조직체로서 작용한 것이라고 하겠다.

그러나 오늘 이 곳 흥해 매곡동은 다만 전형적인 한국의 한 농촌으로 사람들의 기억 속에 자리하고 있을 뿐이다. 그날, 지금으로부터 130여 년 전, 새로운 후천의 세상을 열어가고자 비장의 뜻을 숨기고 모여든 동학의 접주들, 그들의 발걸음이 하나둘 모이던 이 곳, 그래서 밤이 이슥토록 새로운 세상을 이야기하고 또 진정한 도를 이야기하던 이 곳 흥해 매곡동 손봉조의 집은 오늘 다만 기울어가는 고가(古家)로 남아, 기우는 저녁 햇살만을 쓸쓸히 받으며 서 있을 뿐이다.

7
문경 유곡리(幽谷里)

수운 선생이 관에 체포되어
압송되는 광경

✤ 쉬어가는 곳 ✤

1

 문경(聞慶)은 예로부터 새재(鳥嶺)로 유명한 곳이다. 특히 새재는 영남(嶺南)으로부터 올라오는 모든 길의 길목으로, 영남지방과 중부지방을 이어주는 중요한 교통의 요지이기도 하다. 특히 경상도에서 충청도 중원지방으로 올라오기 위해서는 꼭 넘어야 하는 더 없이 중요한 고개가 된다. 그러므로 이러한 지리적인 조건 때문에 새재는 국방상 매우 중요한 요새가 되기도 한다. 즉 예로부터 새재라는 지리적인 험한 조건을 이용해서 이 곳에 거대한 성을 쌓고 남으로부터 처올라오는 왜구를 막기 위한 전략적인 요충지로 그 중요성을 더해 갔던 것이다. 그래서 지금도 이 곳 새재에는 성곽(城郭)과 관문(關門)이 남아 있어, 인근의 주흘산(主屹山)과 함께 한 명소로 자리하고 있음을 우리는 잘 알고 있다.

 수운 선생이 서울에서 파견된 선전관(宣傳官)에게 체포된 것은 계해년(癸亥年: 1863) 한겨울인 12월 10일이다. 선전관이 이끄는 관졸들에게 제자 10여 명과 함께 피체된 수운 선생은 경주부로 압송이 되고, 다음날로 즉시 서울로 압송이 된다. 영천(永川)에서 하루를 유숙하고, 다시 길을 떠나 대구(大邱)에 이르러 하루를 다시 유숙하고, 다음날은 선산(善山)에서 유숙을 하고, 이어서 다음날은 상주(尙州)에 이르러 유숙하게 된다. 본래 관헌들은 수운 선생을 서울로 압송할 때, 문경을 거쳐 새재로 길을 잡으려고 계획했었는데, 새재에 동학도 수천 사람들이 모여 길목을 지키고 있다는 말을 전해 듣고는 마음에 크게 겁이 나서, 상주에서 화령(華嶺)을 넘어 충청도 보은(報恩)으로 그 방향을 바꾸었다고 한다.

보은에 이르러 하루를 유숙한 이후에 청주(淸州)를 거쳐, 며칠을 걷고 걸어서 과천(果川)에 이르게 된다. 수운 선생 일행이 과천에 이르렀을 때, 당시 임금인 철종이 승하를 하게 되고, 나라에서는 국상(國喪)을 당했기 때문에, 모든 죄인은 해당 영(營)으로 다시 보내 문초(問招)를 하라는 지시를 내리게 된다. 이에 수운 선생 일행은 다시 과천을 떠나 남쪽으로 내려가게 된다. 해당 영인 대구감영으로 가기 위해서이다.

이 때 수운 선생 일행은 문경새재를 넘게 된다. 새재를 거의 넘어 초곡(草谷)에 이르른 시각은 어둠이 내린 밤이었다고 한다. 이 곳에서 수백 동학도들이 유곡리 일대를 점거하고 압송되는 수운 선생 일행을 바라

수운 선생이 압송되어 지나가던 문경새재

보며, 혹 사람들은 횃불을 밝히고 일행을 따랐다고 한다. 초곡을 지나 유곡리(幽谷里)에 이르러 유숙을 하게 되는데, 이 때가 12월 29일이다. 이 곳 유곡리에서 과세(過歲)를 하고, 다음해인 갑자년(甲子年: 1864) 1월 6일 대구영에 이르러 대구감영에 마련된 옥에 갇히게 된다.

2

 수운 선생이 관헌에 피체된 날이 계해년 12월 10일이고, 과천까지 압송되었다가 다시 이 곳 문경 유곡리에 다다른 것은 12월 29일이다. 엄동의 추운 겨울날 수인(囚人)의 몸으로 길에서만 보낸 시간이 거의 20일에 가깝다. 온갖 고초와 추위, 그리고 관헌들의 시달림 속에서 보낸 시간들이 아닐 수 없다.

 체포와 압송 그리고 다시 대구로의 회송이라는 고통의 시간을 보낸, 그리고 이 곳 유곡리에 이른 수운 선생은 과연 어떤 생각이었겠는가?

 지금은 그 때의 정황이나 심회를 알 수 있는 자료가 전혀 전해지고 있지를 않아 알 수는 없어도, 다만 몇 가지 편린(片鱗)으로 전하는 기록을 통하여 우리는 수운 선생의 심회를 미루어 짐작할 수 있을 것으로 기대된다.

 먼저 기록에 의하면, 수운 선생이 피체되어 영천에 이르렀을 때, 이 곳에 속해 있는 하졸(下卒)들의 언사가 매우 불경하고, 멸시함이 이루 말할 수 없었는데, 길을 떠나려 할 때 말의 다리가 땅에 붙어 움직이지를 않아 한 발자국도 옮길 수가 없게 되었다고 한다. 이에 놀란 하졸들이 황망히 사죄를 하니 비로소 말이 움직였다고 한다. 이러한 기록은 『도원기서』를 비롯한 동학의 대부분의 기록 속에 나오는 이야기이다. 다만 『동학사(東學史)』에만 나오지 않고 있다.

우리는 이러한 이야기 속에서 몇 가지 사실을 축출해낼 수 있을 것으로 생각된다. 먼저 수운 선생이 죄인의 몸으로 피체되어 압송되는 것이라는 면을 생각할 때, 과연 수운 선생이 말을 타고 갈 수 있었을까 하는 의구심이다. 따라서 이는 어떠한 사실의 전달이라기보다는, 대단히 상징적인 의미를 띠고 있는 이야기로, 수운 선생이 선전관인 정운구(鄭雲龜)를 비롯한 관헌에게 체포될 때, 수운 선생이 마음만 먹으면, 결코 체포되지 않고 피할 수 있었을 것이라는 가능성을 암시하는 이야기라

수운 선생이 체포되어 압송중 과세(過歲)를 했던 문경 유곡리 일대

할 수 있다. 그러나 수운 선생은 조금도 피하지 않고, "도(道)는 곧 나에게서 연유하여 나온 것이다. 그러니 차라리 내가 당해야지 어찌 제군들에게 미치게 하겠는가?"라고 말하며, 아무러한 저항없이 관헌의 피체에 순응하였다고 한다. 이와 같은 수운 선생의 행동은 다름 아니라, 이미 대도(大道)를 제자인 해월 선생에게 위임하고, 스스로 무극대도(無極大道)의 오만년을 위하여 순도의 길을 택한 모습이라고 할 수 있는 것이다. 또한 이러한 수운 선생의 면모는 곧 육신의 고통을 초월한 모습이며, 동시에 무극대도를 지키는 길이 무엇인가를 우리에게 몸소 보여준 비장한 모습이라고 아니 할 수 없다.

수운 선생이 도를 펼친 것은 햇수로 불과 4년이 되지 못한다. 오늘과 같이 통신수단이나, 전파의 수단이 발달하지 못했던 시대에 불과 3년 남짓한 동안 포덕을 하였는데도 수운 선생의 피체소식을 듣고 문경새재를 중심으로 수천 명이 모여들었다는 것은 매우 특기할 만한 일이라고 할 수 있다.

첫째로 경주 근향인 가정리라는 작은 마을에서 시작된 동학이 경상도 일대는 물론 충청도 일원에도, 또는 전라도, 그밖에 많은 지역에 수많은 교도를 지니고 있었다는 것은 그 전파력이나 조직력이 얼마나 강했는가를 알 수 있는 한 증거가 된다. 이러한 조직력과 전파력이 뒷날 갑오 동학혁명을 일으키게 할 수 있었던 중요한 바탕이 된 것이라고 할 수 있다.

둘째로는 이러한 사실은 곧 수운 선생의 감화력이나 무극대도의 필연성이 당시에 얼마만큼이나 강하게 대중들에게 작용하였는가를 알 수 있는 중요한 증거가 되기도 한다. 오늘과 같이 발달된 통신기구도 없이 수운 선생의 가르침은 급속도로 세상에 퍼져나갔고, 이를 우려한 정부나 보수적인 집권층은 그 제재(制裁)방법의 하나로 수운 선생을 체포하기에 이른 것이다.

셋째로는 이렇듯 많은 교도가 운집할 수 있다는 현실적인 여건에도 불구하고, 수운 선생은 순순히 관헌의 체포에 응하였다는 사실이다. 이와 같은 면에서 수운 선생은 무극대도를 세상에 펼치려는 한 사람의 종교 창시자이지, 사회적인 변혁과 혁명만을 꾀하려는 혁세가가 아니라는 점을 발견할 수 있다.

다시 말해서 종교적 교화의 힘으로 세상을 변혁시키고 나아가 새로운 세상을 이룩하려는 종교적 면모, 그리고 종교의 창시자로서의 면모를 우리는 수운 선생의 이와 같은 당당한 행동에서 읽어낼 수가 있는 것이다.

또한 과천에 이르렀을 때에 당시의 임금인 철종이 승하하였다는 소식을 수운 선생 일행은 접하게 된다. 동학·천도교의 일부 기록에 의하면, 수운 선생이 북천(北天)을 향하여 통곡을 하니, 관헌들이 이상하게 여겨 연유를 묻게 되고, 수운 선생이 국상(國喪)의 전벌이 오기도 전에 이미 임금 돌아가심을 알고, 먼저 곡을 하였다고 되어 있다. 그러나 『도원기서』나 『수운행록』 등 초기의 기록에는 이러한 사실은 없고, 수운 선생이 국상의 소식을 듣고 "내가 비록 죄인이나 나라에 슬픈 일을 당하였으니, 이는 불행한 일이다" 하며, 애통함을 그치지 않았다고 한다. 이의 사실 여부는 그만두고라도, 수운 선생이 국상에 극진한 애도(哀悼)를 표했음은 사실일 것으로 생각된다.

이렇듯 애도를 표한 것은 다름 아니라, 국가의 안위(安危)와 시대적인 위기를 절감하고 제세(濟世)의 높은 뜻을 세워 무극대도를 세상에 펼친 수운 선생으로서는 당연한 모습이라고 할 수 있다. 즉 수운 선생의 애도는 임금에 대한 애도이면서도 결국은 국가와 민족을 위한 애도였으며, 난세(亂世)를 걱정하는 마음에서부터 우러나온 애도였다고 할 수 있을 것이다. 즉 피체의 순간에도, 그 피체로 인한 고통과 어려움의 시간에도 수운 선생은 국가와 민족을 위한 높은 뜻을 조금도 버리지 않았던 것이다. 이러한 정신이 후일 민족적 각성과 함께 일어난 갑오 동학혁명의 중요한 동인(動因)이 되고 있는 것이라고 하겠다.

   과천에서 다시 대구감영으로 환차될 때에 수운 선생은 추위와 갖은 고초를 겪으며 문경 초곡리에 이르게 된다. 과천에서 출발하여 몇 날 며칠을 추위 속에 강행하며, 어둔 녘에, 하늘의 새들도 쉬어 넘는다는 새재의 험한 고개를 넘어 이 곳 초곡리에 수운 선생은 도착한 것이다. 그러니 그 고초와 행색은 어떠하였겠는가. 때는 세모(歲暮)를 앞둔 12월 29일. 객지에 나가 있던 사람들도 모두 고향으로 돌아가는 시간, 수운 선생은 추위와 고초 속에서 대구감영을 향해 그 무거운 발길을 옮겨가고 있었던 것이다.

•

3

   초곡을 거쳐 유곡리에 이르러 숙소를 정하고 수운 선생 일행은 머물게 된다. 이 때가 한 해가 기우는 세모이니, 이 곳 유곡리에서 과세(過

歲)를 하기로 한 것이다. 그러니 유곡리는 수운 선생이 이승에서 마지막 계해년을 보낸 곳이 된다. 그런가 하면, 갑자년 순도(殉道)의 그 첫날을 맞은 곳이기도 하다. 문경 유곡리는 바로 이와 같은 면에서 중요한 의의를 지닌다. 다만 수운 선생이 체포되고, 그리고 압송되어 지났던 어느 한 지점이 아니라, 그 육신에 있어서는 가장 힘들고 초라하고 또 고통스러운 시점에 이른 곳이지만, 후천 오만년의 신성한 첫발을 딛기 위한 순도(殉道)의 고결한 첫날을 맞이한 곳이기도 한 것이다.

문경새재의 굽이굽이 이어진 계곡과 길, 그 길과 같은 역경을 지나, 하나·둘·셋, 연차적으로 이어나간 세 개의 새재 관문(關門)을 지나듯이, 육신의 고난과 고통을 지났고, 또 그 육신을 머물어 과세를 한 곳. 이 곳에 머물어 과세를 하며, 과연 수운 선생은 어떤 생각과 심회 속에서 한 해를 보내고 또 한 해를 맞았겠는가. 남원 은적암을 향해 떠나며 부른 〈교훈가(敎訓歌)〉의 구절과 같이, "행장을 차려내어 수천리를 경영하니 모우미성(毛羽未成) 너희들을 어찌하고 가잔 말가. 차마 못할 이 내 회포 역지사지(易地思之)하여서라" 하며, 남은 제자들을 걱정하며 밤잠을 이루지 못했을 것이며, 남은 제자들을 향하여 "하염없는 이것들아 날로 믿고 그러하냐 네 몸에 모셨으니 사근취원(舍近取遠)하단 말가. … 나는 도시 믿지 말고 한울님만 믿어서라 나 역시 바라기는 한울님만 전혀 믿고…"라고, 마음속으로, 한울님이 주신 후천 오만년의 가르침을 남은 제자들이 올바르게 펼치도록 지극히 심고(心告)했을 것이다.

이러한 가르침과 신념 때문에 수운 선생은 20일 가까운 압송의 고통 속에서도 의연히 무뢰한 군졸들을 꾸짖기도 하고, 국상(國喪)을 애도하기도 하며, 육신의 고통을 정신의 승화로 이끈 것이라고 하겠다. 육신은 갇힌 몸이며, 추위와 고통의 시간이었지만, 그 정신은 순도(殉道)를 향한 한 발 한 발의 후천 오만년을 향한 빛나는 걸음이었던 것이다.

유곡리 지금은 옛 관헌터도 찾아보기 힘들게 변해 버린 곳이지만, 고통과 고난의 수운 선생 육신이 머문 바로 그 곳이며, 후천 오만년, 그 순도의 신성한 첫발을 새긴, 동학·천도교의 어제와 다가올 미래를 다시 생각해야 할 중요한 곳임을 우리는 깊이 명심해야 할 곳인 것이다.

이내 곧 새봄과 함께 선혈과 같은 진달래가 온 산에 번져 봄을 맞는 문경새재, 그리고 유곡리의 마을, 수운 선생의 이 지상에서의 마지막 행로를 우리는 이 곳에서 보고 있는 것이다. 육신의 고통을 이긴 정신의 선연한 모습을, 그리하여 후천을 향한 거대한 발걸음을 새기는 그 모습을 오늘 우리는 이 곳 유곡리에서 다시 만날 수 있는 것이다. 극한적 육신의 고통을 넘어서는 수운 선생의 빛나는 그 순도의 정신을.

✿ 쉬어가는 곳 ✿

8
대구장대(大邱將臺)

대구장대(관덕정)에서
참형당하는 수운 선생

✤ 쉬어가는 곳 ✤

1

 수운 선생이 체포되어 온갖 고초를 다 겪으며, 과천(果川)에서 회송되어 다시 대구(大邱)의 감영(監營)에 이른 것은 갑자년(甲子年: 1864) 1월 6일의 일이다. 당시 임금인 철종(哲宗)이 승하하였다는 소식을 접하고 과천에서 다시 남녘으로 길을 되돌려, 충주(忠州)-조령(鳥嶺)-문경(聞慶)-상주(尙州)-선산(善山)을 거쳐 대구감영에 이르게 된 것이다. 계해년(癸亥年: 1863) 12월 10일로 피체되어 근 한 달 가까이 경주에서 과천, 과천에서 다시 대구까지 엄동의 겨울 속을 강행하듯, 군졸들의 온갖 행패를 받으며, 이 곳 대구에 이른 것이라고 하겠다. 그러니 그 육신은 어떠하였으며, 고통은 어떠하였겠는가. 가히 짐작할 수 있는 일이다.

 대구로 압송된 수운 선생은 당시 관찰사(觀察使)인 서헌순(徐憲淳)으로부터 문초를 받게 된다. 관변기록(官邊記錄)에 의하면, 1월 21일부터 2월 하순까지 거의 한 달간에 걸쳐 22차례의 문초를 받은 것으로 되어 있다. 당시의 문초는 오늘날과는 다르게 마당에 꿇어앉혀 놓고 매질을 가하는 등의 문초였다. 1월 엄동의 추운 겨울, 마당에 맨바닥으로 꿇어앉혀진 채, 추상 같은 호령과 함께 가해진 매질은 얼어터진 살가죽을 갈라놓고, 그 고통이 여간한 게 아닐 것이다.

 이렇듯 심하게 문초를 하던 중, 매질을 가하여 수운 선생은 정강이뼈가 부러지는 고통을 당하기도 하였다고 한다. 내리치는 장(杖)에 정강이가 부러지며 내는 소리가 어찌나 큰지 벼락치는 소리와 같았다고 한다. 그래서 문초를 하던 관찰사 서헌순이 놀라 주위 사람들에게 무슨 소리냐고 물을 정도였다.

이러한 문초가 한 달 가까이 진행되고, 2월 하순에 이르러 문초를 정리하여 2월 29일에 계(啓)를 올리게 된다. 따라서 대왕대비의 전교(傳敎)가 있게 되고, 이어 갑자년 3월 10일 수운 선생은 대구장대에서 참형을 당하게 된다.

수운 선생이 참형을 당한 대구장대는 지금의 대구시 중구 덕산동 일대로, 덕산시장이 서는 시장 한가운데가 된다. 이 곳이 바로 처형장소였던 관덕당(觀德堂) 자리이다. 이 곳에서 수운 선생은 참수(斬首)를 당하고, 이 곳에서 그리 멀지 않은 남문 밖에 사흘 간 효수(梟首)되었다가, 큰아들 세정(世貞)에게 넘겨졌다고 전해진다.

이 곳 대구에는 세 곳의 사형집행 장소가 있었는데, 서문 밖 오리정, 남문 밖 관덕당, 그리고 용두방천 못가에 장태벌(長台筏) 등이 그것이다. 그 가운데 하나인 관덕당은 해방 이후까지 남아 있었다. 관덕당의 건물은 흙을 평지보다 한 길이나 높이 돋고 그 위에 지은 건물로, 약 백여 명 정도의 인원이 들어앉을 수 있는 건물이었다. 이 관덕당 앞뜰도 넓어 수백 명이 들어설 수 있는 곳이었다고 한다. 수운 선생은 바로 이 관덕당 앞뜰에서 참형을 당했다.

지금은 시장이 들어서서 사람들의 왕래가 빈번하고, 또 아파트가 즐비하게 들어서서 커다란 동네를 이룬 남문 밖 관덕당. 본래 성 밖이라 왕래하는 사람도 없었고, 더더구나 집도 없어, 다만 초봄의 황량한 황사 바람만이 풀풀이며 불어왔을 이 곳. 이 곳에서 수운 선생은 후천 오만년을 향한 죽음을 후천 오만년의 진리를 모르는 세상의 사람들에 의하여 당한 것이다. 그러나 육신의 죽임이 모든 것을 끝나게 하는 것이 아니라는 엄연한 진리를 수운 선생은 이 곳 대구장대에서 죽음으로써 우리에게 보여주신 것이다.

2

수운 선생이 대구감영에 구금되어 있을 때에, 남긴 유시(遺詩)가 오늘에 전하여 동학을 연구하는 우리에게 널리 알려지고 있다. "등불이 밝아 물 위로는 아무러한 혐의의 틈이 없고, 기둥이 마른 것 같으나 힘이 남아 있다〔燈明水上無嫌隙 柱似枯形力有餘〕"라는 시이다.

이 시는 수운 선생이 우리에게 남겨준 마지막 가르침을 담은 시이다. 시라는 것은 우리가 잘 아는 바와 같이 그 내용이 매우 함축적인 것이다. 사용된 어휘 하나 하나가 암시하고 상징하는 바가 매우 다양하여, 그 내용을 선뜻 파악하기가 그리 용이하지 않은 것이 사실이다. 특히 수운 선생의 많은 시·강시(絳詩) 등은 높은 정신적인 깨달음을 기조(基調)로 한 시이기 때문에 내용을 이해하기가 어려울 것이고, 더욱이 그 전달하고자 하는 바가 많을 것으로 생각된다.

이러한 수운 선생의 유시(遺詩)는 '등불과 물위'라는 유형적 사물과 '무혐극(無嫌隙)'이라는 관념적 사실이 결합되는 첫구와 '마른 기둥'의 형태라는 유형적 사물과 '남아 있는 힘'이라는 관념적 사실이 결합된 둘쨋

수운 선생이 처음 묻혀 있던 자리를 1910년대 의암 선생을 비롯한
천도교 지도자들이 돌아보고 있다.

구로 이루어진 매우 짧은 형태를 지닌 시이다. 즉 이 시 속에서 '물위에 비추이는 등불'은 '무혐극'을 형상화시키고 구체화시켜 주기 위한 비유적인 매개물이고, '마른 기둥'은 '남은 힘'을 형상화시키고 구체화시켜 주기 위한 비유적인 매개물의 기능을 한다. 따라서 이 유시에서 수운 선생이 오늘 우리에게 전하고자 하는 메시지는 다름아닌 '무혐극'과 '남은 힘'이 되고 있는 것이라고 하겠다. 그런가 하면, 이 '무혐극'과 '남은 힘'이 서로 결합되어 형성시키는 '어떠한 의미'가 바로 오늘 우리가 수운 선생의 유시에서 찾고 명심해야 할 부분이라고 생각된다.

이렇듯 유시를 분석하여 다시 이를 해석하면 "등불이 물위로 밝게 비추어 온 물에 불빛의 밝음이 환하게 되비치듯이 아무런 혐의의 틈이 없고, 기둥이 마른 형태를 지니고 있는 것 같으나, 그러나 그 기둥은 죽은 것이 아니라 다시 살아날 수 있는 힘이 남아 있는 것이다"라고 풀어서 볼 수 있을 것이다.

수운 선생의 유시는 곧 수운 선생 당신뿐만 아니라, 수운 선생이 펼친 도(道)가 물위에 불빛이 비추어 물위나 물 속이나 할 것 없이 모두 환하게 보이는 것과 같이 분명하고 또 당당한 천도(天道)임을 강조한 표현이라고 하겠다. 그러나 이 도가 오늘은 마치 죽어 말라버린 기둥과 같이 보이고 있으나, 언제고 새잎과 가지가 돋고, 그 가지에서 움이 트고 또 꽃으로 피어날, 그러한 힘이 남아 있다는 가르침을 제자들에게 매우 암시적으로 나타낸 말씀이라고 할 수 있다.

이렇듯 수운 선생은 형장(刑場)에서 당할 참형을 기다리면서도, 추호의 흔들림없이 무극대도의 당당함을 분명히 밝히고 있으며, 후학과 제자들에게 그 도를 펴고 그 도에 의하여 살아가도록, 그 가르침을 펼쳤던 것이다. 우리는 이러한 수운 선생 유시의 깊은 속뜻을 수운 선생의 순도와 함께 깊이 명심해야 할 것이다.

뿐만 아니라, 수운 선생은 해월 선생에게, "멀리 떠나도록 하라〔高飛遠走〕"라는 쪽지를 비밀리에 전해 주어, 해월 선생으로 하여금 성 밖을 나가는 즉시 멀리 떠나도록 당부를 하였다고 한다. 이는 다름 아니라, 당신은 이제 죽음을 맞이해도, 당신의 도를 이은 해월은 살아남아 그 도를 세상에 올바르게 펴라는, 그러한 의미가 깃들어 있는 말씀이라고 하겠다.

죽음의 순간에 보여준 수운 선생의 도에 대한 신념과 당당함은 선생의 문초(問招)과정이나 피체의 순간에도 많이 나타나는 모습이다. 수운 선생이 관헌들이 체포하러 왔을 때에, 이를 피하려 하지 않고, 의연히 "도가 나에게서 나왔으니, 내 스스로 당할지언정 어찌 피하겠는가?" 하면서 체포의 순간을 맞이했으며, 이어서 "또 천명(天命)이 밝거늘, 어찌 근심하여 현기(玄機)를 어기겠느냐?" 하면서 당신의 체포나 처형이 이미 천명에 의한 것이라는 의연함을 보여주고 있음을 볼 수가 있다. 그러므로 천명에 따라 죽음을 택하고, 도를 지키겠다는 한 종교적 의지를 우리는 이에서 발견하게 되는 것이다.

또한 대구감영에서 있었던 감사 서헌순의 심문에서도, 수운 선생은 조금도 굽힘이 없이 "도를 위해 죽는 것도 한울님의 명이며, 그러므로 후천 오만년에 덕을 펴게 된 것 또한 한울님의 뜻"이라는 신념을 이야기했다고 한다. 이러한 수운 선생의 모습은 곧 무극대도를 지키고 나아가 이를 후천 오만년에 펼치겠다는 의지의 극명한 표현이기도 하다. 따라서 이러한 모습을 우리는 인간적인 의지나 신념과는 그 차이를 달리하는,

또 다른 죽음으로 이해해야 할 줄로 믿는다.

다시 말해서 수운 선생이 이 곳 대구장대에서 맞이한 죽음은 당시 부패하고 또한 수구주의적(守舊主義的)인 구습에 물든 관의 지목과 누명에 의한 것이지만, 이미 이는 천명에 의한 것이요, 육신의 죽음을 통해 후천 오만년에 도를 편다는 종교적 의미가 더욱 강하게 자리하고 있는 것이라고 하겠다. 다시 말해서 수운 선생의 죽음은 천리(天理)에 의한 후천 오만년을 위한 거룩한 죽음이요, 나아가 죽음으로써 도를 살린다는 역설(逆說)이 담긴 죽음이요, 후천 오만년을 향한 거보(巨步)의 첫걸음이기도 한 것이다.

지난 1964년은 수운 선생 순도100주년이 되는 해였다. 수운 선생이 오늘날 남긴 정신을 기리기 위하여 종단(宗團)과 관계기관에서는 여러 행사와 함께 동상건립을 추진했었다. 동상은 수운 선생이 참형을 당한 대구에 건립하기로 하여, 대구의 달성공원에 건립하였다. 동상 제막을 하는 날, 많은 인사와 함께 참석한 경북지사의 축사는 부분적이기는 하지만, 많은 점을 시사하는 것이라고 기억된다. 동상 건립장소에서 그는 "100년 전 지금 이 도지사 직책에 해당되는 경상감사에 의하여 사형을 받으신 이분을 위하여, 그 때 그 사형을 주도하던 직책과 똑같은 직책의 사람인 이 사람이 100년 뒤인 오늘, 이분의 뜻을 기리는 동상건립에 축사를 하고 있다는, 역사적 아이러니를 저는 이 자리에서 온몸으로 느끼고 있습니다"라는 내용의 축사 한 부분은 수운 선생 순도를 오늘 다시금 생각하게 하는 것이 아닐 수 없다.

3

　수운 선생은 41세라는 아직 젊은 나이에 이 곳 대구장대, 즉 관덕당의 형장에서 참수되는 욕(辱)을 당하고 순도하였다. 관변기록에는 어떻게 처형되었는지 그 경위가 상세하게 기록되지 않아 알 수는 없다. 그러나 『도원기서』 등 동학·천도교 기록이 전하는 바에 의하면 참형 사흘 뒤에 수운 선생의 처자(妻子)들을 불러 방면하며 시신을 거두도록 한 것으로 되어 있다.

　수운 선생의 시신은 단양접주(丹陽接主) 민사엽(閔士燁)의 수하에 있던 동학교도 김경숙·김경필과 옥바라지를 전담했던 곽덕원(郭德元), 그리고 수운 선생의 양사위인 정용서(鄭用瑞)와 해월 선생의 매부인 임익서, 상주사람 김덕원 등에 의하여 수습되었다고 한다. 시신을 수습하여 3월 13일에 대구를 떠나 자인현(慈仁縣)에 이르러, 사흘 동안을 묵은 다음에 경주로 내려가 3월 17일 밤 용담에 도착하여 용담정 입구 산록(山麓)에 묻었다고 되어 있다. 이 때의 광경을 『도원기서』에는 다음과 같이 전하고 있다.

　　선생의 큰아들 세정이가 김경숙·김경필·김덕원으로 하여금 장차 관(棺)을 옮기려 하는데, 슬프고 슬프구나. 이 지경을 어찌 말로 하겠는가. 발행(發行)하여 자인현 서쪽 뒤 연못가 주점에 이르니, 날이 뉘엿뉘엿 저물어 가고 있었다. 주인께 하루 묵어가기를 청하니, 주인이 묻기를,

"어디에서 오시는 길입니까?"

세정이 말하기를,

"대구에서 옵니다."

하니, 주인이 그 사실을 알고 한편으로는 기쁘고, 한편으로는 비통해하며, 방 가운데로 시신을 들게 하고, 다른 행객(行客)은 한 사람도 받지 않았다.

시체에 아직 따듯한 기운이 남아 있어, 혹시 요행히 회생을 할까 하여, 사흘 동안 영험이 있기를 기다려, 시신을 지키며 머물렀다. 쌍무지개가 연못 위에 일어나 하늘로 이어졌고, 하늘에 구름과 안개가 일어 연못을 둘러싸, 오색영롱함이 사흘이나 가리고 있었다. 선생께서 상천(上天)하여 구름과 무지개가 걷히고, 그 뒤 시신에서 냄새가 나기 시작하여 다시 염습을 하였다.

다음날 길을 떠나 용담에 이르니, 선생의 장조카 맹륜(孟倫)이 뒤따라와 용담 서쪽 언덕에 안장하였다.

제자들의 간절한 염원에도 불구하고, 천도교의 교조 수운 최제우 선생은 하나의 싸늘한 시신이 되어, 경주 용담에 묻히게 된다. 그러나 수운 선생의 정신은, 그 도는, 가르침은 하늘 끝에 걸린 현란한 무지개가 그 자태를 뽐내며 피어나듯 후세에 전하여, 한국의 근대사를 여는 가장 소중한 가르침이 되었던 것이다. "용담의 물이 흘러 사해의 근원이 되고, 구미산에 봄이 오니 온 세상이 꽃이로다〔龍潭水流四海源 龜岳春回一世花〕" 하는 수운 선생의 절귀(絶句)와 같이, 오늘의 우리 근대사를 여는 갑오 동학혁명을 비롯한 중요한 역사적 사실의 가장 중요한 근원이 되었던 것이다.

대구장대. 이 형장에서의 참형을 기다리며 남긴 유시(遺詩) "기둥이 마른 것 같으나 그 힘은 남아 있다"는 그 가르침과도 같이 오늘 우리의 가슴에 깊이 깊이 남아 있는 것이다.

9
검곡(劍谷)

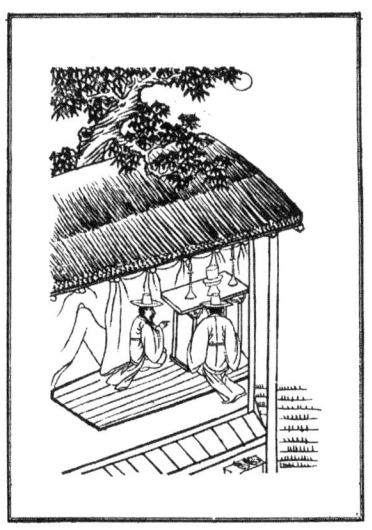

수운 선생이 큰제자 해월에게
도(道)를 전수하는 광경

❖ 쉬어가는 곳 ❖

1

검곡은 해월 선생이 거처하던 곳이다. 해월 선생이 거처하던 곳이 여러 곳이지만, 검곡이 더욱 큰 의미를 지니게 되는 것은 다름이 아니라, 해월 선생은 이 곳 검곡에 거처하면서 수운 선생으로부터 도를 배웠고, 또 도통(道統)을 전수받았기 때문이다.

해월 선생은 경주 동촌 황오리에서 태어나, 이 곳에서 성장하였다. 나이 6세 되던 해에 어머니를 여의고, 다시 12세에 아버지까지 여읜 뒤, 친척집을 전전하며 살아갔다. 이렇듯 친척집과 남의 집 등을 전전하며, 때로는 더부살이로, 때로는 머슴살이를 하며 살아가다가, 나이 17세가 되어 한 친지의 소개로 제지공장의 일꾼으로 들어가게 되었다. 제지공장에 몸을 의탁한 해월 선생은 이 곳에서 28살이 될 때까지 일을 한 것으로 되어 있다.

나이 28살이 되던 해에 해월 선생은 승광면 마복동[오늘의 신광면 마북]으로 이사하여 농사를 시작한다. 이 곳 마북에서 살 때에, 해월 선생은 매사에 엄정하고 공정하였기 때문에 마을 사람들로부터 신임을 얻고, 마침내 천거가 되어, 풍강(風綱, 혹은 집강이라고도 함)의 일을 맞아 6년간이나 청렴하고 무사공평하게 일에 임하였다. 기록에 의하면, 이렇듯 공평무사하게 임무를 행한 해월 선생의 덕을 기리기 위해, 마을의 사람들이 공덕비를 세웠다고 한다. 그러나 지금은 이 비가 전하지 않고 있다.

마복동에서 살던 해월 선생은 33세 되던 해에 검곡으로 다시 이사를 하게 된다. 검곡은 마복동에 속해 있는 마을로, 보다 깊은 산중에 위치한 마을이 된다. 이 곳 검곡에서 해월 선생은 5년 가까이 살게 된다.

검곡은 경북 영일군 신광면 반곡리 마북에 위치하고 있는 산골짝 마을의 이름이다. 구전(口傳)에 의하면 이 곳 산간에 옛날에는 서너 채의 집이 있었는데, 지금은 그 집들이 없어지고 집터만이 덩그러니 남아 있다. 즉 인가는 없는 다만 산골짝에 불과한 곳이 되어버렸다. 바로 이 곳 검곡에서 해월 선생은 수운 선생이 펼치는 천도(天道)의 가르침을 듣고, 동학에 입도를 했는가 하면, 스승으로부터 가르침을 받고자 검곡에서 용담까지, 백여 리의 길을 걸어와서는 뵙고 다시 밤을 새워 돌아가곤 했다.

이렇듯 밤을 도와 찾아뵙고는 가르침을 받는 제자인 해월 선생의 곧음과 신실함으로 수운 선생은 해월 선생에게 대도(大道)를 물려주어

동학의 2세 교조 해월 최시형 선생. 참형당하기 직전의 모습이다.

도통을 승통하도록 하기로 한다. 그러므로 여느 제자가 용담을 찾아오게 되면, 수운 선생은 묻기를 "먼저 검곡에 들렀다 오는가?" 하고 묻게 되고, 검곡을 들리지 않고 왔다면, 이내 다시 검곡으로 가서 해월 선생

을 뵙고 오도록 하곤 했다.

이와 같은 수운 선생의 생각은 곧 대도의 출현이 수운 선생 당신에게로부터 된 것이지만, 이 대도를 이을 사람은 바로 해월 선생이라는 확신과 암시가 깃들인 모습이라 해석될 수 있다. 이와 같은 면에서 검곡은 동학·천도교에 있어 매우 중요한 의미를 지닌 곳이라 할 수 있다.

인가가 모여 있는 마을에서 퍽 외떨어진, 그래서 산중유곡(幽谷)에 서너 채의 집만이 화전이나 일구며 살아가던 마을 검곡. 그 궁벽한 산골에서 해월 선생은 용담(龍潭) 대선생으로부터 받은 대도를 마음으로 닦으며, 화전을 일굴 때도, 씨앗을 뿌릴 때에도, 새끼를 꼴 때에도, 일용만사(日用萬事)가 도(道) 아님이 없다는 대선생님의 가르침을 잊지 않으며, 마음의 밭을 갈던 곳이 바로 이 곳 검곡, 깊고 깊은 산골짜기인 것이다.

2

수운 선생은 많은 제자를 두고 있었다. 특히 고제(高弟)에 해당되는 많은 사람들을 휘하에 제자로 두고 있었다고 한다. 연치가 수운 선생 당신보다도 높은 사람뿐만 아니라, 학식이 높은 사람, 그 지방에서 영향력을 미칠 수 있는 신분의 사람들까지, 그 분포가 다양했던 것으로 전해진다. 특히 신유년(辛酉年: 1861) 본격적인 포덕 이후에 원처 근처에서 몰려드는 제자들의 수가 상당했음을 우리는 『동경대전(東經大全)』이나 관계기록을 통하여 쉽게 알 수가 있다. 이 때의 광경을 수운 선생은 〈수덕문(修德文)〉에 다음과 같이 기록하고 있다.

어른이 나아가고 물러가는 것은 마치 삼천제자의 반열과 같고, 어린 이들이 읍하고 절하는 것은 육칠의 읊음이 있는 것과 같도다. 나이가 나보다 많으니 이 또한 자공(子貢)의 예와 같고, 노래 부르고 춤을 추니 어찌 공자의 춤과 다르랴!

이렇듯 많은 제자중에서 수운 선생은 유독 해월 선생에게 도를 전해주게 된다. 특히 『천도교회사』를 비롯한 교중의 역사기록에 의하면, 신유년(1861) 11월에 해월 선생이 여러 다른 제자들과 수운 선생을 배알(拜謁)했을 때에, 당신 스스로 무문무재(無文無才)함을 생각하고, 검곡의 집으로 돌아가는 즉시, 심야한풍(深夜寒風)에 문 앞에 있는 웅덩이의 얼음을 깨고 목욕을 하며 수련에 임하게 된다. 이렇듯 여러 번을 반복하니 얼음물이 따뜻해지고, 이내 공중에서 "몸에 해로운 바는 차가운 물에 급히 들어가는 것이다[陽身所害 寒泉之急時]"라는 말씀이 들려왔다고 한다.

이후 수운 선생이 남원 은적암에 다녀온 이후에 해월 선생이 수운 선생을 다시 뵙고, 지난 겨울 얼음물에 목욕을 할 때에 공중에서 들은 말씀과 반 종지의 기름으로 스무하루의 밤을 밝혔다는 사실을 이야기하니, 수운 선생이 이는 바로 조화의 큰 효험이라 대답하며, 그 때 공중에서 들린 그 말씀이 바로 수운 선생 당신의 말씀임을 일러주게 된다. 이렇듯 해월 선생은 그 문식(文識)이 부족하였으나, 그 영(靈)이 수운 선생과 서로 통할 수 있도록 수련에 정성으로 임하였기 때문에, 환히 열려진 마음속에서 대도(大道)를 승통하게 된 것이라고 하겠다.

해월 선생이 검곡 차가운 연못물에 목욕하며 수련을 할 때에 수운 선생은 남원 은적암에 머물고 있었다. 남원과 검곡의 상거되는 거리가 멀

해월 선생 어록비

고도 먼 곳인데, 수련도중에 해월 선생이 수운 선생의 음성을 접하였다는 것은, 그 거리와 전혀 상관없이 수운 선생의 영과 해월 선생의 영이 하나로 통하게 된 것으로 우리는 이해된다. 이와 같은 면에서 본다면, 용담은 수운 선생이 대도를 받은 성지(聖地)요, 검곡은 해월 선생이 그 대도를 이은 성지가 아닐 수 없는 것이다. 이와 같은 면에 검곡의 진정한 의미가 있는 것이라고 하겠다.

뿐만 아니라, 수운 선생이 대구감영에 갇혀 있을 때에 유독 "경상(慶翔: 해월 선생의 초명)은 지금 성중에 있는가? 오래 지 않아 나가서 잡으려 할 것이니, 멀리 도망하도록 하라[高飛遠走]"라고 곽덕원에게 이른 것을 생각하더라도, 수운 선생이 옥에 갇혀 있었어도 초미의 관심은 해월 선생, 바로 대도를 이을 사람인 해월 선생에게 있었음을 우리는 알 수 있다.

옥중에서 수운 선생이 남긴 '고비원주(高飛遠走)'의 본뜻은, 다만 해월 선생의 몸만 멀리 피하라는 말씀이라기보다는, 대도의 원대함을 함축한 말씀이기도 한 것으로 해석될 수 있다. 대도의 어마어마한 승통을 이었으니 해월 선생은 작은 곳에서 우물거리지 말고, 높이 그리고 멀리 날아가듯이, 대도의 높은 가르침을 세상에 넓게 넓게 펴라는, 그 가르침을 남긴 것이라고 하겠다.

해월 선생이 수운 선생으로부터 승통을 한 날은, 잘 알려진 바와 같이 계해년(癸亥年: 1863) 8월 14일이다. 대도를 승통하던 날의 광경을 『도원기서』에서는 다음과 같이 전하고 있다.

> 날이 환하게 밝아오자, 수심정기(守心正氣) 넉 자를 주며 말하기를, "일후 병을 다스릴 때에 이것을 행하여 쓰라" 하며, 또 부도(附圖)를 주고, 특히 붓을 잡아 '수명(受命)' 두 글자를 써서 주었다. 한울님께 고하여 결(訣)을 받아 '용담의 물이 흘러 사해(四海)의 근원이 되고, 검악(劍岳)에 사람이 있어 한 조각 굳은 마음이니라[龍潭水流四海源 劍岳人在一片心]' 등의 시를 써서, 이를 주며 말하기를, "이 시는 그대의 장래 일을 위하여 내린 강결(降訣)의 시이다. 영원히 잊지 않도록 하라."

즉 수운 선생은 '수심정기'의 심법(心法)과 '영부(靈符)'를 해월 선생에게 내

해월 선생이 살던 감곡의 집터

린 것이다. 내린 강결(降訣)과 같이, 용담에서 연원한 도가 온 세상의 근원이 되며, 또 이 가르침은 검악(劍岳), 곧 검곡의 한 사람, 해월 선생이 굳은 일편심(一片心)으로 지켜나가야 한다는 의미심장한 가르침이 담긴 말씀이라 하겠다.

3

검곡은 앞에서 이야기한 바와 같이, 지금은 인가조차도 없는 심산유곡에 위치한 곳이다. 해월 선생이 거처했던 곳으로 추정되는 집터는 다소 높게 돌과 흙이 쌓여진 곳으로, 지금은 해묵은 아름드리 소나무 하나가 자리를 지키고 있을 뿐이다. 어렴풋이나마 남아 있는 집터와 듬성듬성 보이는 돌무더기는 집터를 돋우고, 또 담장을 쳤던 흔적이라고 생각된다. 그러나 이러한 모든 흔적들은 오랜 세월 속에 묻혀, 길길이 자란 잡초와 뒤엉킨 넝쿨 속에 가려져, 그 흔적을 찾기가 어려웠다.

해월 선생이 천어(天語)를 들으며 수련에 정진하였다는 웅덩이도, 또 어떤 흔적도 찾을 수가 없었다. 다만 올라오는 중턱, 오늘의 사람들이 산판을 하기 위해 파헤친, 을씨년스러운 길 아닌 길만이 어수선하게 눈에 들어왔다.

이 곳 이 자리가 바로 검곡일 것이라는 사실도 밝혀진 지가 그리 오래 지 않다. 상주선도사 표영삼 선생이 오랜 답사와 고증 끝에 겨우 그 위치나마 알게 되어, 우리에게 전해진 것이다. 그 뒤에 뜻이 있는 교인들과 후학들이 때때로 찾아오곤 하였지만, 이 곳이 무극대도를 잇고 지킨 성지로서의 어떤 표시도 우리는 하지 못했던 것이다.

다만 산판이 벌어져, 주변의 아름드리 나무들이 형편없이 벌목되고, 이 벌목된 나무들을 실어 나르는 길이 흉하게 만들어지는가 하면, 저수지 공사용 흙을 채취하기 위해, 무지막지한 중장비들에 의해 땅이 패어지고 있을 뿐이다. 대지는 이렇듯 온통 상처투성이다. 대도를 지키기 위해, 평생을 헤진 옷과 거친 음식으로 이 산에서 저 산으로, 또 이 골짝에서 저 골짝으로 몸을 숨기며 살아간, 해월 선생의 다난한 생애와도 같이.

그러나 검곡은 다름아닌, 기름 반 종지만으로 스무하루 밤을 밝힐

해월 선생이 성장한 터일마을

수 있었던 해월 선생의 도에 대한 정성과, 용담까지 100여 리 먼 길을 걸어 가르침을 듣고, 밤을 도와 다시 돌아와, 그 가르침을 몸으로 수행하고자 했던 해월 선생의, 엄동의 얼음물을 따듯한 기운으로 녹이던 대도에의 신념이 깃들어 있는 곳이다. 그런가 하면, 후천 오만년의 대도를 지키기 위하여, 묵묵히 새끼를 꼬며, 꼰 새끼를 또 풀었다가는 다시 꼬는, 마음의 끈을 조금도 늦추지 않던 해월 선생. 그분의 가르침이 살아 숨쉬는 바로 그 곳인 것이다.

후천 오만년의 길을 준비하기 위하여, 은도(隱道)의 시대, 그 기나긴 잠행(潛行)의 시간을 견디며, 대도를 펴기 위하여 차가운 물을 온몸에 뒤집어쓰던, 천어(天語)를 듣는 희열과 견디는 아픔을 동시에 받아내던 곳. 지금은 늙은 소나무 한 그루만이 묵묵히 서서, 입 다문 하늘마냥 지키고 있을 뿐이다.

❂ 쉬어가는 곳 ❂

10
영월 직동(稷洞)

태백산중으로 관의 지목을 피해
피신하는 해월 선생

✥ 쉬어가는 곳 ✥

1

 단양(丹陽)·영월(寧越)·정선(旌善)은 모두 태백산맥과 소백산맥이 이어지는 지역으로 예나 지금이나 험준하기로 이름이 있는 지역이다. 이렇듯 험준한 지역에 해월 선생이 들어와 살았다는 것은 잘 알려진 바와 같이 갑자년(甲子年: 1864) 수운 선생의 참형 이후 관의 지목을 피해서요, 나아가 이필제(李弼濟)의 난 이후 관의 더욱 강화된 지목을 피하기 위한 것이라고 생각된다.

 동학의 교조신원(敎祖伸寃)을 명분으로 1871년 3월 이필제는 경상도 일대 19개 고을 교도 500여 명을 동원하여 민란을 일으킨다. 그러므로 이러한 사건을 '이필제의 난' 또는 '영해교조신원운동'이라 부르기도 한다. 이 민란이 실패한 이후 영양·단양 등지로 피해 다니던 이필제는 같은 해 8월 문경관아를 습격하는 난을 일으킨다. 그러나 이도 실패하여 이필제는 죽고, 해월 선생 등은 산간으로 숨어들게 된다.

 특히 이필제의 문경관아 피격사건 이후, 찾아온 강수와 더불어 몸을 피해 이리저리 옮겨다니다가, 태백산에 들어가 숨기를 작정하고, 해월 선생은 산 속에서 십여 일을 초근(草根)과 목피(木皮)로만 연명하며 지내게 된다. 먹을 식량은 고사하고, 준비했던 소금과 장마저 떨어져 거의 굶다시피 하며 보낸 십여 일의 기간이었을 것이다. 더구나 이필제의 난이 일어난 것이 음력 8월이니, 해월 선생이 태백산 산중으로 숨어든 때는 겨울이 멀지 않은 늦가을이 된다. 그러니 굶주림과 추위는 산중에서

이필제의 난[신미 교조신원운동]을 모의했던 영해 형제봉 일대

의 헐벗은 생활을 더욱 견디기 어렵게 했던 것으로 생각된다. 이 때의 일들을 천도교의 많은 기록들은 다음과 같이 전하고 있다.

> 신사(神師 : 해월 선생)가 강수(姜洙)와 더불어 바위 아래에 처(處)하야 14일을 불식(不食)하시고 목엽(木葉)을 작(嚼)하야써 연명(連命)하시더니 대호(大虎)가 있어서 밤낮으로 와서 보호를 하거늘 …
>
> 『천도교회사』

그런가 하면 한편 다른 기록에는 다음과 같이 보다 절실하게 전해지고 있음을 볼 수가 있다.

> 때는 9월이요 절기는 가을이라. 모름지기 길을 떠나, 높은 곳에 오르고, 또 아래로 내려가 계곡을 건너고, 절벽을 오르니, 단풍이 소슬하고 누런 가을잎이 바람에 나부낀다. 한편으로는 무릎이나마 간신히 펼 수 있는 바위를 찾아 이파리를 쓸어내고 자리를 만들고, 풀을 엮

어 초막을 지었다. … 아무것도 입지 못해 헐벗은 몸으로 장차 어떻게 할 것인가? 말소리는 나무에 걸려 있고 기운은 숙연하여, 사람으로 하여금 생각하게 하는 천고의 가을에, 생각을 기대어 이를 곳이 없으니, 손을 들어 절벽에 올라 돌아보고 돌아보며 서로 일컬어 말하기를 "두 사람 중 누가 먼저 하고, 누가 뒤에 할꼬, 끌어안고 떨어져 죽는 것이 좋겠구나."

『도원기서』

태백산 산중 바위 아래 십여 일을 견디면서 해월 선생과 강수는 모진 고생 끝에 바위 아래 떨어져 자결할 생각까지 했을 정도로 힘겨운 삶을 영위했던 것으로 되어 있다.

이렇듯 산중에서 어려운 삶을 살아가다가, 같이 머물던 황재민(黃在民)은 영남으로 가고, 해월 선생과 강수는 산중에 들기 전에 잠시 머물던 박용걸(朴龍傑)이라는 사람의 집으로 가게 된다. 동학·천도교의 많은 기록에는 박용걸이 해월 선생이 숨어 있던 태백산중 바위 아래로 찾아와 처음 대면한 것으로 되어 있는데, 『도원기서』에는 이 곳 산중에 오기 전에 이미 박용걸의 집에 잠시 해월 선생이 머물고 있었던 것으로 되어 있다. 그러니 박용걸은 이 곳 산중에서 처음 만난 사람이 아니라, 이미 전부터 해월 선생 일행을 모시고 있던 사람이라고 생각된다.

영월 직동의 박용걸의 집에 머물면서 해월 선생과 일행은 겨울을 나게 된다. 또 이 곳으로 여러 도인들이 해월 선생을 찾아오게 되고, 특별히 인근의 흩어진 도인들을 모아 고천식(告天式)을 거행하기도 한다. 기록에 의하면, 특히 이 때 고천식에 모여든 제자들을 향하여 해월 선생은 〈대인접물(待人接物)〉의 설법을 펼치기도 하였다고 한다.

영월 직동마을 일대

위에서 잠시 거론을 하였지만, 당시는 수운 선생의 순도(殉道) 이후 관의 지목과 이필제의 난 이후 더욱 혹독해진 관의 지목으로 경상도 일대의 동학교도들이 위기를 받던 시기이다. 그러므로 해월 선생 역시 이 위기를 피하여 인적이 끊어진 태백산맥 속에 들어와 있었던 것이다. 나무의 근피(根皮)로서 연명하고 추위와 싸워가며 자신의 한 몸 건사하기도 어려운 상황 속에서 해월 선생은, 사람을 올바르게 대하는 곳에 세상을 올바르게 제도(濟度)시킬 바른 길이 있고, 세상의 사물을 올바르게 접하는 곳에 천지자연의 이치를 깨달을 수 있는 길이 있다는, 도를 구하는 진정한 두 길을 담은 〈대인접물〉의 설법을 펼친 것이다. 즉 죽음을 생각해야 할 절박한 상황 속에서도 해월 선생은 도를 생각했고, 도를 세상에 펴기 위한 노력과 고심을 조금도 게을리 하지 않았던 것이라고 하겠다.

영월 태백산맥과 소백산맥이 어우러져, 깊고 깊은 산중을 이룬 이 곳 직동에 들어, 눈을 들어 바라보면 깎아지른 산뿐이요, 다시 보면 막막한 하늘과 추운 바람뿐인 이 곳 강원도 산간에 들어, 내일을 기약할 수 없는 위급한 상황 속에서도 해월 선생은 스승인 수운 선생이 내려준 대도를 지키기 위하여, 오직 목숨을 연명했고, 그 대도를 펴기 위하여 전력투구를 해왔던 것이다.

바로 이와 같은 면에서 영월의 직동은 우리에게 매우 중요한 자리가 된다. 내일의 삶을 예견할 수 없는 위급함과 오늘을 편안하게 보낼 양식도 없는 긴박한 상황 속에서도 "사람이 바로 한울님이니 사람 섬기기를 한울님같이 하라"는, 내가 아닌 타인을 대하는 올바른 대인(待人)의 설법을 펼쳤고, "모든 물건이 시천주 아님이 없으니 능히 이 이치를 알면 살생은 금치 아니하여도 자연히 금해지리라"고 하는 접물(接物)의 설법을 펼친 해월 선생의 대도에 대한 꿋꿋함과 진정한 그 가르침을 몸으로 절박하게 만날 수 있는, 매우 중요한 곳이 바로 이 곳 영월의 직동이라는 마을이다.

2

해월 선생은 신미년(辛未年: 1871) 10월부터 다음해인 임신년(壬申

年) 9월까지 만 일년을 이 곳 직동에 은거하여 살았다. 영월 직동은 해발 1천 미터가 넘는 험준한 산봉우리들로 둘러싸인, 깊고 깊은 산골마을이다. 남쪽에는 매봉산이 버티고 서 있고, 동쪽으로는 백운산이 웅장한 자태로 서 있다. 북으로는 두위봉이 조금 서쪽으로 비껴선 듯한 질운산과 함께 가로막듯이 서 있는 곳이다. 그래서 하루의 일조량(日照量)이 다른 지역의 3분의 2도 되지 못하는 깊은 산간마을이 된다.

 소금까지 떨어져 필사의 생활을 하던 산중 바위 밑에서의 생활을 끝내고, 이 곳 직동 박용걸의 집에서 겨울을 드낸 해월 선생은 새해로 접어들면서 그간 흩어진 동학도들에 대한 재정비와 대도를 펴기 위한 활동을 서서히 재개하기 시작한다. 이제 이필제의 문경관아 피습사건도 4개월이나 지나, 세상도 다소 조용해졌고, 새로운 해인 임신년도 맞이하였으니, 그간에 못 폈던 활동을 전개하기에 이른 것이라고 하겠다.

 해월 선생은 먼저 지난날의 허물을 뉘우치며 한울님께 고하는 고천식(告天式)을 거행하게 된다. 이 때가 정월 초닷새이다. 다시 말해서 인근의 교인들과 접장들을 모아놓고 이필제 사건을 올바르게 지도하지 못하여, 여러 사단을 일으킨 것을 중심으로, 그 허물을 비는 고천식을 갖게 된 것이다. 올바르게 도에 들지 못한 사람의 경거망동한 행동으로 많은 도인들이 목숨을 잃고, 강원도와 경상도의 산간을 숨어다니며 흩어진 도인들을 모았던 정성이 하루아침에 풍비박산이 되어 대도 펼침에 커다란 누가 될 뻔했던 이필제의 난을, 대도를 위임받은 해월 선생으로서는, 그 지도하지 못함을 깊이 뉘우치고, 나아가 다시 교단을 정비하고자 하는 마음에서 열게 된 고천식인 것이다.

 즉 대도의 펼침을 위해서는 머무는 곳이 어디이든, 그 곳이 곧 수련의 장소요, 포덕을 하는 포덕소가 되는 것이다. 그리하여 경각의 어려움 속에서도 박용걸의 집안식구들을 포덕하여 입도하게 하고, 바로 이 곳에서 한울님께 고하는 기도식을 갖게 된 것이다. 이러한 해월 선생의 모습은 바로 이 곳 직동 박용걸의 집에서 고천식이 끝난 뒤에 모인 도인들에게 펼친 〈대인접물〉의 "일용행사(日用行事)가 도 아님이 없다"라는 그 가르침과 그대로 통하는 모습이라고 할 수 있겠다.

이 고천식 이후 모인 도인들을 향하여 펼친 〈대인접물〉의 설법은 오랜 고난과 역경 속에서, 이 어려움을 몸소 헤쳐나온 해월 선생의 체험적 깨달음이 깊이 담겨 있는 가르침이라 할 수 있다. 스승인 수운 선생의 가르침인 '시천주'를 이어 사람이 바로 한울님이라는 '인시천(人是天)'의 설법과, 그러므로 사람을 한울님같이 섬기라는 '사인여천(事人如天)'의 실천강령이 담겨진 법설인 것이다. 그런가 하면, 사람을 대하고 물건을 대할 때에 욕됨이 있어도 이를 참고 너그러이 대하라는 가르침 뒤에 "내 핏덩어리만이 아니어니? 어찌 시비(是非)하는 마음이 없으랴마는, 만일 혈기(血氣)를 내면 도를 상함으로 내 이를 하지 아니하노라. 나도 오장(五臟)이 있거니, 어찌 탐욕하는 마음이 없으랴마는, 내 이를 하지 않는 것은 한울님을 봉양하기 위함이니라"라는 말과 같이, 모든 인간적인 욕망과 그로 인하여 일어나는 고초를 모두 도를 지키기 위하여, 나아가 한울님을 마음속에서 양(養)하기 위하여 구도적 자세로 참고 견디는 것이라고 설법하고 있음을 볼 수 있다.

이러한 해월 선생의 모습은 진정 한 사람의 위대한 스승으로서의 모습이 아닐 수 없다. 해월 선생 본인도 피가 있고, 오장이 있기 때문에 경우에 따라서는 마음이 뒤틀리고 심사가 일어날 수 있다는 그런 말씀이다. 그러나 이러한 한 인간으로서의 욕구와 욕망·갈등을 모두 대도를 위하여 참아야 한다는, 진정한 인간적인 한 스승으로서의 면모를 우리는 이와 같은 자세에서 찾을 수 있는 것이라고 하겠다. 이와 같은 진솔한 법설은 바로 그 지난 겨울을 비롯하여 견디기 어려운 역경을 몸으로 겪은, 그러므로 체득한 법설이 아닌가 생각된다.

또한 이필제의 난과 같은 어려움을 몸소 체험한 해월 선생은 〈대인접물〉의 법설을 통하여, "만약 때와 일을 임하여 우(愚)·묵(默)·눌(訥) 세 자를 용(用)으로 삼으라. 만약 경솔하게 남의 말을 듣고 말하면, 반드시 나쁜 사람의 속임에 빠지느니라. 이로써 실행해 나아가면 공은 반드시 닦는 데 돌아가고 일은 반드시 바른데 돌아갈 것이다"라고 그 가르침을 펴고 있음을 볼 수 있다. 즉 우(愚)와 묵(默)과 눌(訥)이라는 '대인접물의 실행방향'을 깊은 체험을 바탕으로, 하늘에 고하는 의식인 고천의식(告天儀式)을 통하여 해월 선생은 사람들에게 펼쳐나간 것이라고 하겠다.

이와 같은 해월 선생의 가르침은 후일 갑오 동학혁명에 있어서도 그대로 드러난다. '어리석을 듯이 우직한 행동인 우(愚)'와 '모든 것을 말보다는 실천을 앞세우는 눌(訥)'과 '묵묵히 행하는 묵(默)'으로서 대인(對人)과 접물(接物)의 용(用)을 삼아야 한다는 해월 선생은 당시 물밀듯이 일어나는 동학교도들의 의기를 한편으로는 다스리며, 한편으로는 북돋았던 것이라고 하겠다. 그러므로 때때로 보이던 동학 지도부의 분열이나 의견의 상이(相異)는 다름아닌, 바로 해월 선생이 보였던 대인접물의 실행적 방향을 당시의 급진적인 동학의 지도자들이 잘 이해하지 못했기 때문에 일어난 일들이라고 하겠다. 즉 우·묵·눌로 내면을 먼저 닦아 종교적인 내실을 다진 이후에, 이러한 힘을 바탕으로 하여 교조신원운동(敎祖伸寃運動)이나 동학혁명과 같은 대외적인 활동을 해야 한다는 것이 해월 선생의 지도이념이었던 것이다.

3

소백산맥과 태백산맥이 서로 만나 우리나라의 커다란 중추를 이루는 이 곳 영월. 가까이 정선이나 단양 등지와 더불어 동학의 은도시대(隱道時代)를 대표하는 지역이 된다. 수운 선생의 순도 이후 해월 선생은 흔들리는 동학조직을 재건하기 위하여 경상도 북부지역인 영양을 중심으로 교인들을 모으고 조직하게 된다. 그러나 수운 선생의 유족이 영월 소밀원(蘇密院)으로 거처를 옮기게 되고, 이필제의 난에 연루되어 영양 용화동으르 탈출하여 해월 선생 일행은 영월로 피신하게 된다. 이와 같은 연유로 영월은 이필제 난 이후에 다시 교단을 정비하고자 하는 동학의 중요한 거점이 되었던 것이다.

이와 같은 점을 들어서 본다면, 수운 선생의 부인을 비롯한 사가(師家)가 있었던 영월의 소밀원과 해월 선생이 기거하던 영월의 직동은 동학이 두 번에 걸친 강력한 관의 지목과 수색을 피하여 새로이 그 교세를 정비하고 후일을 기다렸던 중요한 동학의 발자취, 해월 선생의 고난의 발자취가 남겨진 곳이라고 할 수 있다.

그 고난의 역경 속에서 몸소 체험하고 깨달은 가르침인 〈대인접물〉

의 설법을 펼쳐. 대도를 지키고 펼치려던 해월 선생의 쟁쟁한 가르침이 남아 아직도 귀에 들리는 듯. 사방으로 둘러싸인 고산준령 속의 산간마을인 직동은 가을볕 속에. 오늘도 찾아오는 사람 하나도 없이 다만 고요하기만 할 뿐이다.

11
태백산 적조암(寂照菴)

태백산 적조암에서 49일의 기도를
마치고 꾼 꿈속에서 봉황을 얻는 광경

✥ 쉬어가는 곳 ✥

1

태백산맥 깊은 산중에 있는 작은 암자 적조암. 정선(旌善)에서 사북(舍北)을 지나, 고한(古汗)이라는 마을에 이르면, 태백산맥으로 이르는 험준한 구릉을 만나게 된다. 이 곳 고한에서 다시 영월 방향으로 계곡을 따라 2km 정도 올라가게 되면, 정암사(淨岩寺: 일명 갈래사)라는 아주 큰 사찰을 만나게 되고, 이 곳에서 다시 한 1km 쯤 고갯길을 따라서 돌아들면, 왼쪽으로 인가 두어 채를 볼 수 있다. 바로 이 곳에서 적조암 가는 길이라는 팻말을 만난다.

이 적조암과 정암사를 품어안은 산은 함백산(咸白山)으로 해발 1천 5백 미터가 넘는 높은 산이다. 적조암이 눌러 있는 곳은 마을에서 능선 쪽으로 약 2킬로미터 떨어진 곳으로, 산 능선을 거의 다 올라가면 질펀한 평지를 대하게 되고, 이 곳에서 퇴락한 암자를 하나 볼 수 있다. 바로 적조암이다. 사찰은 다시 지으려는 듯 정지작업을 해놓았고, 신축조경도까지 대형으로 그려져 세워 있음을 볼 수 있다.

해월 선생이 이 곳 적조암에 들어 49일간의 기도를 이룬 해는 임신년(1872)으로, 이제 막 겨울로 들어서는 음력 10월이었다. 이즈음 해월 선생은 영월에서 정선 은담(隱潭)의 유인상(劉寅常)의 집으로 거처를 옮기게 된다. 해월 선생이 임시로 거처했던 영월의 박용걸 집은 가까이의 소밀원에 수운 선생 부인을 비롯한 사가(師家)가 있었다. 그러나 이필제의 난 이후 지목이 심해져 해월 선생은 물론, 사가를 비롯한 모든 사람들은 거처를 옮겨야 할 처지에 이르게 된 것이다. 이러할 즈음 정선접주 유인상이 건의하여, 사가와 해월 선생이 모두 소밀원을 떠나 정선 은담으로 오게 된 것이다.

이 때의 기록을 『도원기서』에서 보면, 다음과 같다.

> 9월에 또 지목의 혐의가 있었다. 급한 일이구나, 열 손이 지목하는 바가 빈번하구나! 옮겨다니기가 급급하여, 사방 향할 곳이 없었다.
> 강수가 유인상과 의논하여 말하기를 "사가(師家)가 지목을 받는 것은 모두 도인들의 고발에 의한 것이니, 다른 곳은 정선만 못한즉, 사모님을 이 곳으로 옮겨오시게 하려는 데 뜻이 어떻소?"
> 유인상이 말하기를 "사세(事勢)가 이와 같으니, 다만 빨리 옮기셔야 합니다."
> 강수와 주인이 급하게 영월로 가서 집식구를 인솔하는데,
> 〈중 략〉
> 강수에게 울며 말하기를 "은담이 어디에 있는고?"
> 힘들게 이끌어, 유인상의 집에 모시고 들어갔다.

유인상의 집도 가세나 지목의 혐의 때문에 오래 머물 수가 없어, 해월 선생은 산중에 들어가 기도를 할 계획을 세우게 된다. 해월 선생이 강수로 하여금 적당한 장소를 찾도록 지시를 하니, 강수가 이 곳에 사는 동학도들에게 물어 함백산에 있는 적조암이 외지기 때문에 적절하다는 결론을 내리게 되었다.

그래서 해월 선생은 강수·전성문·유택진·김해성 등과 더불어 적조암을 찾아가게 된다. 물론 먼저 그 곳에 찾아가 암자에 거처하는 스

님에게 허락을 받고, 다시 지낼 양식을 준비하여 들어가게 된다.

해월 선생 일행이 적조암에서 기도를 한 해가 동학・천도교 대부분의 기록, 즉 『천도교회사』나 『천도교창건사』, 그밖에 『시천교역사(侍天敎歷史)』 등에는 계유년(癸酉年: 1873)으로 되어 있다. 그런가 하면, 『도원기서』에도 정확한 연대의 표기없이, 다만 적조암에 들어간 것으로만 되어 있다. 그러나 『도원기서』의 전후기록을 면밀히 살펴보면, 해월 선생을 비롯한 일행이 적조암에 들어간 해는 임신년(壬申年: 1872)이 된다. 해월 선생은 적조암에서 '49일 기도'가 끝난 12월 5일, 다시 유인상의 집으로 내려오게 되는데, 그 곳에서 과세를 하기가 어려워, 강수와 영월로 돌아가서 과세를 한다. 또한 계유년(1873) 12월 10일, 수운 선생 부인이 병환으로 죽게 된다. 만약에 적조암에서 기도를 하고 내려온 해가 계유년 12월 5일이라면, 수운 선생 부인 죽음에 관한 기록과 해월 선생

해월 선생 등 동학의 지도자들이 49일의 기도를 했던 태백산 적조암터

11. 태백산 적조암 ──── • 139

이 과세를 하기 위해 영월로 가는 기록이 같이 나와야 하고, 또 그 사정상 다만 해월 선생이 과세하기 위하여 영월로 간다고 간단하게 기록되지는 않았을 것으로 생각된다. 따라서 적조암에서 49일의 기도를 했던 해는 임신년이고, 수운 선생 부인이 돌아가신 해는 계유년이 된다고 하겠다.

여하튼 해월 선생은 관에 쫓긴다는 긴급한 상황과, 또한 일정히 거처할 처소와 일정한 식량마저 구하지 못한다는 긴박한 상황 속에서도 정성을 다하여 49일의 기도를 행하게 된다. 눈 덮인 태백산맥, 깊고 깊은 골짜기에 위치한 작은 암자 적조암에서. 후천의 새로운 세상을 열어가고자 하는 열망과 함께.

2

해월 선생을 비롯한 다섯 사람이 적조암에 자리를 정하고 앉아, 주문(呪文)으로 일관되는 수련에 임하는데, 하루에 거의 2·3만 독(讀)씩을 읽었다고 한다. 그러니 이와 같은 수를 헤아리며 주문을 읽었다면, 잠자는 시간 조금을 제외하고는 거의 주문에만 전념하였다는 이야기가 된다. 그런가 하면, 주문을 읽는 시간 간간이 영부(靈符)를 그렸다고 하니, 한울님과의 끊임없이 영적 대화를 하면서 수련에 임하였다는 이야기이다.

이렇듯 주문으로 일관되는 기도를 하던 중, 이 곳의 철수자(哲首子)라는 이름의 스님이 꾼 꿈과 해월 선생·강수 등이 꾼 꿈이 신비하여, 나름대로 시사해 주는 바가 매우 많다. 그 꿈들을 보면, 다음과 같다.

하루는 주지 스님이 말하기를 "소승은 본래 계룡산에 있던 중입니다. 초막을 짓고 공부를 하는데, 꿈에 부처님이 오셔서 '너는 소백산으로 가거라' 말씀하시고, 문득 보이지 않거늘. 소승이 잠에서 깨어난 뒤로 마음이 이상하여 거두고 소백산으로 돌아왔습니다. 금년 4월에 이르러. 또 꿈에 가르침이 있어 태백산으로 옮겨왔습니다. 이 곳에 오니 암자가 비어 있고, 도량이 황폐하여 감자씨를 몇 이랑 뿌리고, 나무 1백 짐을 하여 겨울 지낼 재료로 삼았습니다. 전날 꿈에 어느 두 사람이 부처님 앞에 와서 뵙는데. 꿈속에서 익혀 보았기 때문에 완연히 눈 가운데 있었습니다. 깨어나 스스로 헤아려 보니. 반드시 공부하는 사람들이었습니다. 지금에 와서 생원님들을 뵈니, 완연히 꿈에 뵌 모습과 같습니다" 하였다.

이러한 내용이 된다. 어찌된 일인지 해월 선생 일행이 바로 이 곳 적조암에 들어 기도할 것을 노승이 먼저 꿈에서 보았다는 이야기이다. 또한 해월 선생과 강수도 신비한 꿈을 꾸었다고 하는데. 해월 선생이 꾸었다는 꿈의 내용은 다음과 같은 것이다.

주인[해월 선생을 말함]이 말하기를 "나 역시 산에 들어온 첫날에 꿈을 꾸었는데. 상서로운 봉황 여덟 마리가 하늘에서부터 내려와 차례로 앞에 앉거늘 내가 기이하게 여기어 세 마리를 싸니, 옆에 있던 사람이 각기 다섯 마리를 쌌습니다. 문득 공중에서부터 말하기를 '주인이 있는 봉황이다. 너는 마땅히 깊이 두도록 하라. 이후 주인을 만나거든 주도록 하라' 했으니 역시 상서로운 꿈이 아니겠습니까?" 했다.

봉황은 상서로운 새의 대명사이다. 그러므로 봉황을 품에 안았다는 것은 커다란 웅지(雄志)를 품었다는 의미와도 통한다. 이 꿈속에서 봉황을 가슴에 안은 것과 같이, 해월 선생은 교단정비에의 웅지를 품고, 이곳 적조암에서의 49일간의 기도를 끝낸 이후, 본격적으로 동학의 교단을 정비하기 시작한다.

해월 선생은 적조암에서 내려온 1년 뒤, 수운 선생 부인의 장례를 치르고, 이어서 2년 뒤인 을해년(乙亥年: 1875)에 들어서는 그간 잠시 이필제 난 이후 멈추었던 치제(致祭)를 드리게 된다. 즉 치제를 통하여 의식을 다듬고, 조직을 공고히 하겠다는 생각에서일 것이다. 특히 51회 수운 선생 탄신향례식을 모신 뒤에는 모인 도인들을 향하여 〈용시용활(用時用活)〉의 설법을 펴, 한울님의 가르침이 이 시대와 짝하여 나가야 하며, 적절히 활용될 수 있어야 함을 강조하게 된다. 그러므로 이후 접주제(接主制)가 부활되고, 동학의 교리를 연구하는 49일의 기도를 정례화하는 등 교단을 정비하고 조직을 공고히 하고 있음을 볼 수가 있다.

적조암 49일의 기도는 곧 해월 선생의 교단정비의 새로운 계기를 이루는 정점이 되고 있는 것이요, 또한 해월 선생이 꾸었다는 상서로운 꿈은 곧 앞으로 펼치게 되는 해월 선생의 교단에 대한 웅지의 중요한 상징이라고 우리는 풀어볼 수가 있는 것이다.

3

적조암 기도를 마치고 해월 선생은 강시(降詩)를 짓게 된다. 음력

12월 5일. 온 천지가 하얀 눈으로 덮인 함백산 산중에서 49일의 기도를 마치고, 문득 닫혀진 문을 열고 세상을 내려다보니, 적조암 앞으로 보이는 거봉들인 백운산이며, 두위봉 등은 모두 흰눈을 뒤집어 쓴 채, 장관으로 눈앞에 펼쳐져 있는 모습이 눈 안 가득 들어왔을 것이다. 49일간의 독공(篤工)을 하며, 해월 선생 스스로 마음에 새긴 새로운 결심이, 곧 교단의 정비를 위한 마음가짐, 그 벅참이 마치 펼쳐진 겨울 산의 장관과도 같이 온 천지에 펼쳐지고 있음을 해월 선생은 느꼈을 것이다.

그러므로 다음과 같은 시를 짓게 된다.

태백산중에 들어 49일의 기도를 드리니	太白山工四十九
여덟 마리 봉황을 주어 각기 주인을 정해 주셨네	受我鳳八各主定
천의봉 위에 핀 눈꽃은 하늘로 이어지고	天宜峯上開花天
오늘 비로소 마음을 닦아 오현금을 울리는구나	今日琢磨五絃琴
적멸궁에 들어 세상의 티끌을 털어내니	寂滅宮殿脫塵世
뜻 있게 마치었구나, 49일간의 기도를	善終祈禱七七期

49일간의 기도는 곧 마음을 닦는 수련이 된다. 그러므로 이 기도를 마친 이후, 오현금(五絃琴)을 울리듯이 마음이 맑아지고, 샘물이 다시 차오르듯이 새로운 기운을 해월 선생은 스스로 맛보게 되었을 것이다. 그런가 하면, 봉황을 가슴에 받아 각기 주인을 정해 주듯이 새로운 웅지와 뜻을 해월 선생은 이 기도 기간중에, 마음속 깊이 키워갔던 것이다. 그러므로 49일간의 기도는 정말로 뜻이 있는 기도였고, 온 천지를 덮고 있는 흰눈과도 같이 세상을 새로운 힘으로 뒤덮을, 그런 기도가 되었을 것이다.

11. 태백산 적조암 ─── ∘ **143**

관의 지목과 배고픔과 추위 속에서 소백산맥에서 태백산맥으로 이어지는 고초의 나날들을 해월 선생은 살아 있는 수련이요, 기도로써 생각하고 지내왔고, 이제 태백의 가장 깊은 심산(深山)에 들어 마음을 정비하고, 생각을 정리할 시간을 이렇듯 49일간의 기도로 보냈던 것이리라.

 미래로 가득 날개를 펼칠 봉황을 가슴, 가슴에 안고, 태백의 정상보다도 더 높은 내일을 향해, 적조암 굳게 닫힌 문을 밀쳐 열고 〈용시용활(用時用活)〉의 드넓은 세상을 향해, 해월 선생은 굳건한 그 첫 발걸음을 이 곳 태백산맥 적조암에서 광활한 세상을 향하여, 힘있는 그 첫발을 내딛은 것이다. 적조암은 바로 이와 같은 면에서, 동학·천도교의 역사 속에서 그 중요한 의미를 지니는 것이라고 말할 수 있을 것이다.

12
단양 장정리(長亭里)

설법제(設法祭)를 행하는 광경

✤ 쉬어가는 곳 ✤

1

 해월 선생이 단양(丹陽)지역으로 거처를 옮긴 것은 갑술년(甲戌年: 1874)이 된다. 임신년(1872) 겨울 태백산에서의 49일 기도를 마치고, 정선·영월 등지로 거처를 정하지 못하고 다니다가, 갑술년 4월 단양 남면으로 돌아가게 된다. 도인들의 도움을 받아, 두솔봉(兜率峰) 아래 첫 동래인 남면 사동(寺洞)으로 거처를 옮긴 것이다. 사동에서 일년 가까이 지내다가, 사동에서 약 십여 리 정도 떨어져 있는 송두둑[松皐]이라는 곳으로 내려오게 되는데, 이 곳 송두둑이 바로 오늘의 장정리인 것이다.

 예전에는 이 곳에 군량미 창고가 있었다고 하여, 이렇듯 사람들이 불렀는데, 지금은 제법 오래 전에 개설된 국민학교와 농협창고, 그리고 공판장 등이 있는 작은 마을일 뿐이다. 이 곳 장정리에서 우측으로 약 1백 미터쯤 들어가게 되면 과수원이 나오는데, 이 과수원 아래 밭자리에 해월 선생은 집을 짓고 살았다. 처음 이 곳 단양땅에 들어 거처하던 사동이나 『용담유사』를 판본으로 인쇄하였던 천동이 모두 이 곳 장정리에서는 그리 멀지 않는 곳으로, 장정리는 마치 해월 선생을 중심으로 하는 당시 동학 지도부의 중요한 본거지와 같은 곳이 된다고 하겠다.

 이 곳 장정리에서 해월 선생은 7년이라는 긴 세월을 보내게 된다. 이렇듯 긴 시간을 이 곳 장정리에 머물면서 해월 선생은 경전(經典)발간을 비롯해, 대선생사적(大先生史蹟)을 비롯한 도(道)의 연원(淵源)을 기

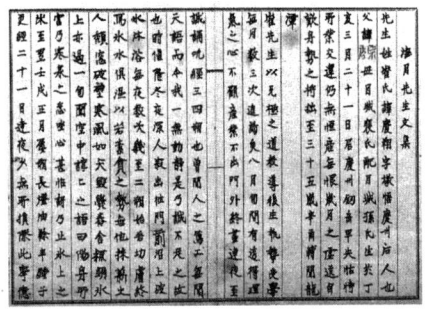
해월 선생 문집(필사본)

록한 『도원기서』 등의 교단역사 편찬의 진두지휘 및 많은 설법 등을 펼쳤다. 또한 전국을 다니며 당시의 도인들을 순회하는 등 은도시대(隱道時代)의 동학을 절정에 이르게 하는 매우 중요한 사업들을 열정적으로 펼쳤던 것이다.

다시 말해서 해월 선생이 치제(致祭)와 경전발간·설법 등을 통하여 교단을 정비하는 데에 보다 체계적이고, 또 정열적으로 정성을 드렸던 시기가 바로 장정리에 거처하던 시기라고 할 수 있다. 단양 장정리의 의미는 그렇게 크다. 다시 말해서 단양 남면 산간마을에 위치한 장정리, 곧 송두둑은 동학교단의 본격적인 정비의 체비, 해월 선생 중심의 동학의 교단을 이룬 매우 중요한 곳이라고 하겠다.

2

해월 선생이 이 곳 남면의 사동이나 장정리로 옮겨오게 된 것은, 마침 마땅히 거처할 곳이 없었던 시기에 안동 사람인 권명하(權明夏)라는 사람이 거처할 자본을 도와주었기 때문이다. 즉 한 동학도의 도움으로 정선에서 이 곳 단양으로 그 거처를 옮기게 된 것이다.

전일 해월 선생이 경상도 일대 영양에서 강원도인 영월로 옮겨온 것은 앞에서 잠시 이야기한 바와 같이, 사가(師家)가 영월로 이전해 왔기 때문이요, 이필제 난으로 더욱 지목이 심해졌기 때문인 것이다. 즉 경상도의 산골에서 강원도의 산골로 옮겨가게 된 중요한 속사정 가운데 하나가 경오년(庚午年: 1870) 10월에 공생(孔生)이라는 사람이 유혹하여 사가가 영월로 옮겨갔다는 사실이 그 중요한 요인이 된다고 하겠다.

이와 같은 사실을 환기해 본다면, 당시 동학교단 조직에는 해월 선생이 중심이 되고 있었지만, 수운 선생 부인을 비롯한 사가(師家)의 영향력이 적지 않았을 것으로 생각된다. 특히 수운 선생이 대구장대(將臺)에서 참형을 당한 이후, 각처로 흩어진 제자들 가운데는 제각기 마음으로 연원(淵源)을 흐리고, 스스로 정통임을 자부했던 사람들도 적지 않았을 것으로 여겨진다. 그러므로 짐짓 이들이 수운 선생의 부인 등을 찾아가 교언영색(巧言令色)으로 부추기어 스스로 당의 무리를 거느리려 했던 것으로 추정된다.

그러므로 해월 선생은 이러한 무리들로부터 도(道)도 보호하고, 또 사가도 보호하기 위하여, 사가가 옮겨가는 곳을 따라 거처를 옮긴 것이라고 우리는 풀어볼 수 있다. 즉 해월 선생이 경상도와 강원도 일대 소백산·태백산 등지에서 교단을 정비할 때에, 수운 선생 부인을 비롯한 사가의 보이지 않는 영향력이 크게 미쳤던 것이라고 할 수 있다.

그러나 해월 선생이 이 곳 단양의 사동으로 옮겨오기 불과 1년이 되기 전인 계유년(1873) 12월에 수운 선생 부인인 박씨가 병환으로 죽게 된다. 그러므로 결국 동학의 교단을 올바르게 정비하고 이끌어 나갈 실질적인 지도자는 명실공히 해월 선생 한 사람만이 남게 된 것이라 할 수 있다. 수운 선생 부인은 비록 다만 스승님의 부인이지만, 사방으로 흩어진 도인들에게는 매우 중요한 존재로, 직접적이든 간접적이든 당시 교단정비에 많은 영향력을 보였을 것임이 분명했다.

그러므로 이제 수운 선생 부인도 돌아가시게 되고, 명실공히 유일한 지도자로 남은 해월 선생은 전일과는 다른 각오와 계획 아래에서 교단을 정비해야 한다는 생각을 품었던 것으로 추정할 수 있다. 따라서 보다 적극적으로 치제 등을 올리게 되고, 경전을 발간하여 도의 올바른 가르침을 펴야 했으며, 도의 연원(淵源)을 편찬하여 정통성을 확립하고, 또 교단을 정비해야 할 필연성을 더욱 강하게 받은 것이라고 하겠다.

그에 따라 해월 선생은 각처를 순회하며 설법을 펴나갔다. 인제·단양·목천 등지에서 경전을 발간했다. 구성제(九星祭)·인등제(引燈祭)·설법제(說法祭) 등의 치성제도 전보다도 많이 열어갔다. 이와 같은 새로운 각오와 계획이 펼쳐졌던 곳이 바로 이 곳 단양 남면 도솔봉 아래 자리하고 있는 산간마을 장정리인 것이다.

기록에 의하면, 해월 선생은 을해년(1875) 9월에 강수(姜洙)·전성문(全聖文) 등과 함께 경주 용담 가정리로 가서 잠시 수운 선생의 장조카인 맹륜(孟倫)을 만나고 온다고 되어 있다. 맹륜은 곧 수운 선생의 장조카로 동학에 가장 먼저 입도(入道)한 사람이기도 하다.

그런가 하면, 이보다 앞서 수운 선생의 두 아들들도 장(杖)에 맞아 죽고, 또 병으로 죽게 되어, 실질적으로 사가(師家)에는 아무도 없는 것이나 다름이 없었다. 수운 선생의 나머지 가족인 장녀와 차녀는 각기 윤씨 가문으로 시집을 갔고, 셋째딸은 한씨 집안으로 시집을 갔다. 이렇게 하여 수운 선생의 가족은 모두 죽거나 출가를 하여, 아무도 없게 된 것이다. 그러므로 수운 선생의 가족으로서 가장 가까운 사람은 바로 장조카인 경주 가정리의 맹륜뿐이었다.

같은 맥락에서 본다면, 해월 선생이 강수 등과 경주 가정리로 맹륜을 찾아간 것은 다만 우연이나 안부(安否)를 하기 위함만은 아닐 것으로 추정된다. 다시 말해서 이제 사가(師家)의 유족들이 모두 죽고 없으니, 보다 공고히 교단을 정비해야 할 필연성을 강하게 받아, 이 곳 가정리의 맹륜을 우정 찾아갔던 것으로 생각할 수 있다. 해월 선생이 강수 등을 대동하고 경주 용담 가정리로 가서 맹륜을 만난 것은 그 외양적으로는 다만 안부를 묻기 위함인 듯 보이고 있으나, 수운 선생의 대구장대에서의 참형 이후 동학의 교단을 다시 일으키는 데에 수운 선생 부인을 비롯한 수운 선생의 유족들은 매우 중요한 자문을 받을 수 있던 사람들이었고, 그러므로 직·간접으로 영향을 지니고 있었다고 생각된다. 그러나 이제는 모두 죽고 없으므로, 수운 선생의 가장 가까운 집안의 사람인 장조카 맹륜을 만나 동학교단의 앞날을 의논하고, 또 자문도 받아야 했을 것으로 풀이되고 있다.

그러므로 이렇듯 맹륜을 만나러 먼길을 갔던 것이요, 나아가 맹륜을 만난 이후, 보다 교단의 조직을 공고히 하기 위하여, 강수로 하여금 도차주(道次主)로 그 임무를 정해 주기도 했던 것이라고 생각된다.

이 곳 장정리에 거처하며, 해월 선생은 많은 설법을 펼치게 된다. 이 가운데 대표적인 설법이 〈용시용활(用時用活)〉이다. 기록에 의하면, 을해년(1875) 10월 18일 제례를 모시고, 이어서 이 자리에서 설법을 한 것으로 되어 있다. 그리고는 해월 선생 당신의 이름을 비롯하여 많은 사람들의 이름을 '시(時)'자로써 고치고, 자(字)를 '활(活)'자로 고쳤다고 한다. 이에 해월 선생은 최경상의 첫이름을 버리고, 오늘 우리에게 알려진 최시형(崔時亨)이라는 이름을 갖게 된다.

〈용시용활〉의 설법의 일부를 잠시 인용해 보면, 다음과 같다.

대저 도는 용시용활하는 데 있나니, 때와 짝하여 나아가지 못하면, 이는 죽은 것이나 다름이 없다. 하물며 우리 도는 오만년의 미래를 표준함에 있어 앞서 때를 짓고 때를 쓰지 아니하면 안될 것은 선사의 가르친 바라. 그러므로 내 이 뜻을 후세만대에 뵈우기 위하여 특별이 내 이름을 고쳐 맹서코자 하노라.

이미 이 때 해월 선생은 도(道)의 운용(運用)과 현실의 문제를 깊이 생각했던 것이다. 아무리 훌륭한 가르침이라 하여도, 이 가르침이나 도가 현실의 문제, 나아가 다가올 미래의 문제에 잘 적용되지 못한다면, 이는 죽은 것이나 다름이 없다는 말씀이다. 즉 시대적 요청과 역사적 관점에서 폭넓게 도를 운용할 수 있을 때 진정한 한울님의 가르침이 이 세상에 펼쳐질 수 있다는, 그런 말씀인 것이다.

경상도의 깊고 깊은 산골, 강원도의 태백산맥이 웅장히 펼쳐진 산골로 숨어들어 스승으로부터 받은 도를 지키고, 이 도를 펴기 위하여 흩어진 도인들을 모으고, 또 교단을 정비하며 고난의 세월을 보내던 해월 선생은 이제 이 곳 단양 남면 일대 장정리에 이르러, 보다 분명한 내일을 위한 준비를 해나갔던 것이다. 이제는 다만 한곳에 숨어 있지만 않고서 전국을 다니며 도인들을 향하여 새로운 마음을 지닐 수 있도록 설법을 펼치는 등 수많은 사업을 벌렸던 것이다.

수운 선생의 생신과 기일에 행하는 기도식 이외에 인등제·구성제

등의 제례와 특별히 설법을 펴기 위한 설법제 등을 수시로 열어 도인들을 의식에 적극 참가시켰고, 보다 종교적 의식을 공고히 해나갔던 것이다. 이러한 의식을 통하여 적극적으로 동학의 가르침을 보급하였을 뿐만 아니라, 교단의 조직을 보다 단단히 해나갔다. 이렇듯 다져온 교단의 조직이 동학이 전국적인 조직으로 뻗어나갈 수 있는 자리를 마련했음은 물론, 훗날 교조신원운동(敎祖伸寃運動)과 갑오 동학혁명을 일으킬 수 있는 등 매우 중요한 근간이 되었다.

3

동학의 은도시대인 갑자년(1864), 수운 선생의 참형과 계속되는 관의 지목, 나아가 이필제 난 이후, 더욱 심해진 지목을 피해 깊은 산속으로 숨어, 세상의 깊은 속으로 도를 숨겼던 그 은도의 시대. 그 은도시대의 장엄한 마지막을 해월 선생은 이 곳 장정리에서 보내게 된다.

그러므로 이 때의 삶은 다만 세상에 엎드려 있으며, 숨죽여 주문이나 읽는 그러한 때가 아니라, 이제까지 숨겨진 도를 세상에 드러내고, 또 펼쳐야 할 때임을 깊이 자각하였다. 〈용시용활(用時用活)〉의 설법이 의미하는 바와 같이, 올바르게 이 세상에 도가 펼쳐지기 위해서는 보다 적극적으로 현실에 뛰어들어야 하며, 그 시대가 요구하는 바가 무엇인지를 깊이 인지(認知)한 이후에, 그 시의에 맞게 도를 펼쳐야 한다는, 그런 필연성을 해월 선생은 깊이 자각한 것이다.

자각을 온몸으로 실천하여 보여준 곳. 단양의 장정리. 지금 장정리 해월 선생이 거처하던 집은 그 자취를 찾을 수가 없다. 다만 그 자리에 기왓장 부스러기만이 간간이 발견되고 있을 뿐이다. 갑오 동학혁명 이후 이 곳의 고루한 유생(儒生)들이 동학의 본부라 하여 불살라버렸기 때문이라 한다. 다만 지금은 농부의 텃밭이 되어 있을 뿐이다.

　수운 선생의 부인도 돌아갔고, 그 후손이 모두 세상을 떠나. 그래서 더욱 어렵게 된 동학교단을 해월 선생 중심의 교단으로. 그 중요한 기반을 닦은 곳이 이 곳 산수 좋고 아름다운 단양. 장정리 마을인 것이다.

　한겨울. 이제 이내 눈이라도 내릴 듯한 찌푸린 날씨 속에 골짜기로 이어지는 작은 마을 장정리는 지난날의 뜨거웠던 동학의 발자취를 끌어안은 채 고요하기만 하다. 간간이 텅빈 시골 버스만이 먼지를 날리며, 무심히도 한적한 시골길을 달려나갈 뿐이었다. 100여년 전, 우리의 중요한 근대사를 열었던 그 뜨거운 동학의 열기를 조금도 기억하지 못하는 오늘의 현실마냥.

13
인제 갑둔리(甲遁里)

수운 선생이 묻힌 구미산 자락
육신은 이 곳에 묻혔으나 그의 정신은
『동경대전』으로 남아 있다

✥ 쉬어가는 곳 ✥

1

 해월 선생이 강원도 인제(麟蹄)지역과 처음 인연을 맺은 것은 1872년경이 된다. 이 때 해월 선생을 비롯한 동학의 지도부는 1871년 일어난 영해 이필제(李弼濟)의 난(亂)과의 연계로 커다란 타격을 받고는 각기 흩어져 피신을 하고 있던 때이기도 하다. 그런가 하면, 관의 지목 속에서 피해 다니던 수운 선생의 아들인 세정(世貞)이가 양양(襄陽)에서 체포되는 등, 동학교단이 절대의 위기를 겪고 있던 때이기도 하다.

 이 때에 잠시 해월 선생은 이 곳 인제 남면 무의매리(舞依梅里)에 있는 김병래라는 동학도의 집을 잠시 찾아갔었다는 기록이 있다. 즉 해월 선생은 신유년(辛酉年: 1861) 수운 선생으로부터 도를 받은 이후, 선생의 지도를 받아 포덕에 전력을 한 결과, 많은 지역에 걸쳐 그 교세를 넓히는 데에 지대한 공헌을 하게 된다. 특히 해월 선생은 경주 이북지역을 중심으로 대대적인 포덕을 펼친 것으로 파악된다. 따라서 당시 동학교도의 분포는 경주를 중심으로 하여, 영덕(盈德)·영해(寧海)·대구(大邱)·청도(淸道)·연일(延日)·안동(安東)·단양(丹陽)·정선(旌善)·영양(英陽)·영천(永川) 등 경상도 일대와 강원도 일대, 그리고 충청도 일부지역까지 매우 폭넓게 분포되어 있었던 것으로 파악된다.

 그러나 수운 선생이 참형을 당하고 교도들이 뿔뿔이 흩어진 중에도 해월 선생은 흩어진 교도들을 모으고 또 일견 포덕을 계속하여, 그 분포지역을 양양(襄陽)·양구(楊口)·인제(麟蹄)까지 넓혀 나가게 되었다.

이와 같은 점으로 보아, 해월 선생은 주로 태백산맥을 중심으로 숨어다니며 그 태백산맥과 소백산맥을 중심으로 그 교세를 펼쳐나간 것이라고 보겠다. 따라서 강원도 인제는 당시 동학의 교도가 활동하고 있던 최북단 지역이 된다고 할 수가 있는 것이다.

따라서 이필제의 난으로 위기를 겪고 있던 당시의 동학 지도부는 북쪽으로는 양양·인제 지역까지 그 활동과 피신의 지역으로 삼았었고, 해월 선생 역시 이와 같은 맥락에서 잠시 이 곳 인제를 찾아왔던 것이 아닌가 생각이 된다.

그 뒤에 정선(旌善)을 중심으로 해서 태백산과 소백산 등지로 숨어 지내며, 교단의 정비를 위하여 수련과 치제(致祭)를 지속하다가, 병자년(1876) 4월에는 당시 인제접주 김계원(金啓元)의 집에서 설법제(說法祭)를 행하기도 한다. 이렇듯 강원도 인제는 당시 동학 지도부가 백두대간(白頭大幹)을 타고 교단의 중흥을 위하여 활동하던 최첨단의 북방지역이었으며, 활동거점의 중요한 지역중의 하나라고 하겠다.

이와 같은 지역에서 해월 선생은 스승인 수운 선생이 남겨놓은 경전 『동경대전(東經大全)』 간행을 단행하게 된다. 그러나 이보다 앞서 해월 선생은 기묘년(己卯年: 1879) 11월 1일에 정선(旌善) 방시학(房時學) 도인의 집에서 도(道)의 연원을 밝히는 도적(道跡)간행을 위하여 편집소를 마련하게 된다. 편집소를 마련한 이후 강시원(姜時元)을 비롯한 각 접주를 중심으로 책임 유사(有司)를 맡기어 도적(道跡)의 원고를 집필하게 된다. 이 원고가 탈고되자 이내 급하게 견봉날인(堅封捺印)하여 접주인 유시헌(劉時憲)에게 맡기며, 사람들의 눈에 띄지 않게 하도록 당부하게 된다.

『동경대전』〈계사판(1893)〉

『동경대전』〈계미판(1883)〉

이 때에 편찬된 도적(道跡)이 곧 오늘 전하고 있는 『도원기서(道源記書)』이다.

이가 편찬되자마자, 견봉날인되어 깊이 감추어지게 된 것은 이 내용중에 해월 선생을 비롯한 동학의 수뇌부가 이필제의 난과 연관되어 있음이 기록되었기 때문으로 생각된다. 따라서 당시 관의 지목과 추적의 빌미를 더 이상 받지 않기 위하여 이렇듯이 조치를 취한 것이다.

또한 이 『도원기서』의 본 이름은 『최선생문집도원기서(崔先生文集道源記書)』라 하는 다소 긴 책 이름이 된다. 즉 '수운 선생의 문집(文集)과 도(道)의 기원을 기록한 책'이라는 의미의 제목인 것이다. 그러나 오늘 이 책을 살펴보면 이에는 결코 '문집'의 성격은 없고, 다만 도의 연원만이 기록되어 있음을 볼 수가 있다. 따라서 이렇듯 긴 제목을 지니게 된 것에는 다름 아니라, 다음 해인 경진년(庚辰年: 1880) 5월에 인제에서 간행되는 수운 선생의 문집인 『동경대전』과 함께 이것이 기획되고, 또 같이 간행될 계획에서, 그렇듯 제목을 붙이게 된 것이 아닌가 추측된다. 즉 수운 선생의 문집인 『동경대전』과 도의 연원을 기록한 책을 모두 합하여 『최선생문집 도원기서』라고 이름 붙인 것으로 생각된다.

해월 선생은 1870년대 후반기에 이르러, 교단의 정비를 어느 정도 마무리짓고, 또 안정을 찾은 이후, 당시 강원도 일대의 경제적으로나 또 지역적으로나 유력한 힘을 지닌 인물들인 유시헌(江陵金氏)·신시일(寧越辛氏)·김연국(江陵金氏) 등으로부터 보다 적극적인 지원을 받아서, 수운 선생으로부터 이어져 오던 도의 근원을 밝힌 저서인 『도원기서』와 수운 선생의 가르침이 담긴 동학의 경전인 『동경대전』을 간행하기에 이른다.

이와 같이 인제 갑둔리는 동학의 은도시대(隱道時代)에 있어, 동학 교단의 활동을 한 차원 높이고 있는 아주 중요한 계기가 되는 『동경대전』을 간행한, 매우 중요한 곳이 아닐 수가 없다. 따라서 지금까지 구전(口傳)이나 필사된 글을 가지고 동학을 공부하던 동학도들에게, 떳떳이 한 권의 책으로 된 '경전'을 지니고 공부할 수 있는 길을 마련한 매우 중요한 의미를 지닌 곳이라고 하겠다.

2

앞에서 몇 번 거론한 바와 같이, 이필제 난 이후 해월 선생은 다시금 관으로부터 집중적인 추적을 받는 대상이 된다. 그러므로 해월 선생은 태백산맥과 소백산맥을 중심으로 깊고 깊은 산간에 숨어지내며, 한편으로는 교단을 정비하고 한편으로는 사가(師家: 수운 선생의 유족을 말함)를 중심으로 도(道)의 정통이 잘못되지 않도록 지대한 노력을 하게 된다.

당시로 보아, 도의 정통이란 수운 선생의 도가 해월 선생에게 바르게 전수되고, 그럼으로써 해월 선생에 의하여 도가 펼쳐짐을 의미하고 있는 것이다. 그러나 수운 선생에게는 해월 선생 말고도 많은 고재(高才)들이 있었다. 그럼에도 수운 선생은 학식이 부족하고, 또 가문조차 별로 좋지 않았던 해월 선생에게 도통을 전수해 주었던 것이다. 따라서 수운 선생이 대구에서 참형을 당한 이후, 해월 선생 중심의 동학교단이 형성되게 되었다.

그러나 다른 수운 선생의 제자들 가운데는 해월 선생 중심체제를 인정하지 않고 자신이 중심이 되는 교단형성을 시도했던 것으로 생각된다. 그러므로 늘 수운 선생 유족들을 중심으로 이러한 사람들이 찾아오게 되고, 분파를 이룰, 그럴 가능성을 지니고 있다고 하겠다. 그러므로 해월 선생은 늘 사가(師家)를 중심으로, 한편으로는 사가를 보호하고 다른 한편으로는 이와 같은 사람이 접근하여 도의 정통을 흐리는 바를 방지하려 했던 것이다.

그러던 1870년대 후반에 이르러, 수운 선생의 유족인 수운 선생의 두 아들, 그리고 부인인 박씨부인마저 죽게 되자, 해월 선생은 교단의 정통성을 지켜야 함을 더욱 절실하게 느끼게 되었을 것이다. 비록 도통의 전수는 해월 선생 자신에게 되어 있지만, 수운 선생의 유족들이 이 정통성을 증명해 줄 수 있었던 매우 큰 바탕이었는데, 이들이 모두 죽게 되어, 자칫 잘못하면 도의 모든 것이 잘못될 수도 있다고 해월 선생을 판단했던 것으로 생각된다.

『동경대전』을 처음 간행한 인제 갑둔리 마을

또한 모여드는 동학도들과 함께 점점 교단이 안정되어 가고, 더 나아가서 도의 정통성이 가장 확고하게 나타날 수 있는 일을 해월 선생은 계획하기에 이른다. 이 일이 바로 도적(道跡)간행과 경전간행이었다. 그러나 보다 더 중요한 의미는 도적간행을 통하여 동학의 정통성을 보다 공고히 하는 한편, 경전간행을 통하여 수운 선생으로부터 물려받은 가르침을 바르게 세상에 전할 수 있는 근간을 마련하고자 함에 있었다.

특히 이러한 대역사(大役使)인 도적(道跡)간행과 경전간행에 적극적으로 해월 선생을 도와서 참여한 사람들은 다만 해월 선생이 새롭게 입도(入道)시킨 사람들만이 아니라, 수운 선생 당시부터 중요한 일을 했던 강시원[당시 이름은 姜洙임] 등의 인물도 있는 것으로 보아, 당시 해월 선생은 다만 새롭게 입도한 도인들에게만 도의 주인으로서 인정을 받은 것이 아니라, 수운 선생 재세당시부터 동학의 교문에서 활동을 해왔던 많은 원로 동학도들로부터도 그 승통(承統)의 주인으로 인정받은 것은 사실이라고 하겠다.

따라서 해월 선생은 『도원기서』를 통하여 －비록 이가 탈고되자 마자 견봉날인되어 감추어졌지마는－ 도의 연원(淵源)을 밝히는 한편 해월 선생 스스로 승통의 위치를 보다 공고히 하고 있으며, 나아가 도의 주인으로서의 위치를 공고히 했다고 하겠다.

또한 『동경대전』의 간행은 그 때까지 다만 부분적으로 유포되던 수운 선생의 모든 가르침을 담은 글을 모아 집대성하고, 또 『동경대전』이라는 표제(表題)까지 붙여, 수운 선생의 가르침을 '경(經)'으로서의 위치를 확고히 한 것이라 하겠다.

본래 수운 선생의 가르침을 담은 글은 수운 선생 재세당시에 필사

13. 인제 갑둔리

(筆寫)되어 교도들 사이에 널리 유포되었다고 한다. 수운 선생을 체포한 정운구(鄭雲龜)의 〈서계(書啓)〉나 수운 선생을 문초한 서헌순(徐憲淳)의 〈장계(狀啓)〉 등을 보게 되며는 『동경대전』의 중요내용이 되는 〈포덕문(布德文)〉·〈논학문(論學文)〉·〈수덕문(修德文)〉 등의 이름들이 보이고 있고, 또한 다른 관변기록 등에 〈주문(呪文)〉이나 〈검결(劍訣)〉 등의 이름이 나오고 있음을 볼 수가 있다.

수운 선생의 가르침을 담은 글들은 필사되어 유포되고, 또한 수운 선생이 직접 해월 선생에게 주며, 훗날 간행하도록 당부한 것이 아닌가 생각되기도 한다. 즉 계미년(1883) 경주에서 간행된 판본의 해월 선생이 쓴 것으로 되어 있는 발문(跋文)을 보게 되면, 이와 같은 생각을 할 수가 있다.

> 아아! 선생님께서 포덕하시던 당시에 성덕(聖德)에 잘못됨이 있을까 두려워, 계해년(癸亥年: 1863)에 이르러 친히 시형(時亨)에게 주며 [또는 친히 시형과 더불어] 항시 침자(鋟字)의 가르침이 있었다. [於戲 先生布德當世 恐其聖德之有誤 及于癸亥 常有鋟字]

이와 같은 가르침을 이어서 해월 선생은 당시 흩어진 경편(經篇)들을 모으고 또 구송(口誦)도 하고 하여, 스승의 가르침을 담은 경전을 한 권으로 편찬 간행하게 된다. 이 때 인제 갑둔리에서 경진년(庚辰年: 1880) 5월부터 약 한 달간 작업을 벌인 끝에 6월 14일 완료하여 100부 정도를 간행했다고 한다. 이어서 다음날 아침 일찍 경전간행 봉고식(奉告式)을 거행하여, 한울님과 스승께 경전간행을 알리는 의식을 갖게 되었다.

그러나 이 경진판 『동경대전』은 아직 발견이 되지를 않고 있다. 따라서 우리는 최초로 간행된 경전의 모습을 오늘 보지 못한다는 안타까움 지니고 있는 것이다. 그렇지만 이러한 경진판을 저본으로 하여 그 이후 계미중춘판(癸未仲春板, 1883.) 및 계미중하판(癸未仲夏板, 1883.)이 나오게 되고, 이러한 판본이 지속적으로 이어지게 되어 오늘 우리가 이렇듯 그 경전의 모습을 볼 수 있게 된 것이라고 하겠다.

즉 인제 갑둔리에서의 『동경대전』 간행은 다름아닌, 관의 지목과 추적이라는 어려움 속에서도 이룩한 동학교단, 그 은도시대(隱道時代)의 가장 큰일이었으며, 오늘 동학의 교의를 보다 바르게 전하게 할 수 있었던 중요한 사건이라고 하겠다.

3

갑둔리는 인제의 남쪽에 위치하고 있으며, 지리적으로는 홍천군과 인접하여 있다. 행정구역으로는 강원도 인제군 남면 갑둔리가 된다. 지형적으로 매우 높아 해발 7·8백여 미터의 고지대에 자리잡은 갑둔리는 강원도의 오지중의 오지이기도 하다. 지금까지도 비포장도로로 어쩌다 지나는 차가 있기라도 하면 먼지가 풀풀 이는 길이기도 하다.

몇 년 전부터 군에서 포 사격장으로 활용하기 위하여 그나마 조금 남아 있던 농가마저 다른 곳으로 이주를 시키는 바람에 이제는 빈집들만이 드문드문 덩그런 하여 을씨년스럽기까지 하다. 다니는 사람도 없다. 마치 인적이 끊긴 곳 같다. 바로 해월 선생은 이와 같이 외떨어지고 또 한적한 산간오지에 숨어들어, 판각을 하고 종이를 마련하고, 또 먹을 갈아 경전을 발간하였던 것이다. 필생의 목숨을 걸고는.

당시 해월 선생이 이 곳에 머물면서 『동경대전』을 간행하였던 김현수의 집은 옛 모습은 아니지만 그런 대로 보존이 되어 있어, 그 때의 동학 지도자들이 경전간행을 위하여 분주하게 드나들던 모습을 상상으로나마 떠올릴 수 있게 한다.

갑둔리에서 간행된 경전은 우리가 잘 아는 바와 같이 순 한문으로

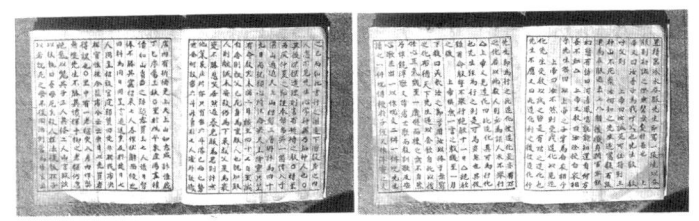

『도원기서』(필사본)

표기된 경전이다. 이 경전의 표제를 '동경대전(東經大全)'이라고 붙인 것도 바로 이 곳 갑둔리일 것으로 생각된다. 즉 그 전까지는 이들 경편(經篇)들이 한 책으로 묶이지 않아서 경전의 표제로 붙일 이름이 없었다. 그러나 해월 선생이 흩어진 경편들을 모두 모으고, 또 구송하여 한 권의 책으로 만든 뒤에, 이어서 '동학의 경편들을 크게 모두 모았다'는 의미의 표제를 붙인 것이라 하겠다. 갑둔리! '동경대전'이라는 그 이름이 세상에 태어난 곳.

수운 선생은 자신의 가르침을 철학적이고 논리적으로 구명하기 위하

여 한문으로 글을 짓고, 또 이러한 가르침을 보다 많은 일반인과 아녀자들에게 알리기 위하여 가사라는 노래에 얹어서 부르게 되었다. 즉 같은 가르침의 말씀을 하나는 논리적인 철학으로 궁구하였다면, 다른 하나는 노래로 쉽게 풀어 불렀다고 하겠다. 따라서 이 두 편의 경전은 서로 상보적인 의미를 지니고 있으며, 당시의 모든 사람들에게 동학의 교의를 전하는 데에 필요한 경전이 된다고 하겠다.

바로 이와 같은 스승의 뜻을 이은 해월 선생은 바로 갑둔리에서 그 하나인 『동경대전』을 간행하므로 동학의 은도시대(隱道時代)를 접고, 새

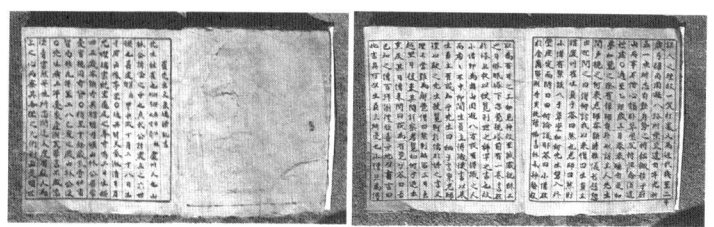

『도원기서』(필사본)

로운 현도(顯道)시대로 나아갈 그 기틀을 마련한 것이라고 하겠다. 숨어서 주문을 외우고 숨어서 필사된 스승의 가르침을 읽어보던, 그런 시대를 지나 이제는 간행된 경전을 지닐 수 있는 그러한 시대를 맞이하게 되었다. 또 해월 선생 스스로 그러한 시대를 매우 능동적으로 열어가고자, 해월 선생은 이 곳 깊고 깊은 강원도 산골 갑둔리에서 선천(先天)의 어둠을 깎아내듯, 스승의 유훈(遺訓)을 판각하고 다듬어 또 한 권의 책으로 간행했던 것이다.

13. 인제 갑둔리 ── · **167**

✥ 쉬어가는 곳 ✥

14
단양 천동(泉洞)

제자들에게 포덕을 하는 해월 선생

✤ 쉬어가는 곳 ✤

1

 단양은 예로부터 풍광이 아름답기로 자자한 곳이다. 소백산맥의 깊은 골짜기를 끼고 자리한 마을. 산과 물이 어울려 흔히 선경(仙境)으로 손꼽히던 지역이다. 지금은 충주호가 생겨 더 큰물이 단양일대를 휘감고 있어, 새로운 명승지를 이룬 곳이기도 하다.

 해월 선생이 갑자년 참변 이후, 관의 지목을 피해 숨어살던 곳이 주로 태백산맥과 소백산맥 일대이다. 멀리로는 태백산맥 너머 동해바다와 가까운 영덕(盈德)·영해(寧海) 등지를 넘나들었고, 북으로는 인제(麟蹄)까지, 또 내륙으로 들어서서는 정선(旌善)·단양(丹陽) 등의 오지를 숨어다니면서, 일변으로는 흩어진 도인을 모으고, 또 일변으로는 교단을 정비하였던 것이다. 이 때 새로이 결집된 조직의 실질적인 지도자로서 지도력을 확립한 곳도 바로 이 곳 단양이 된다.

 그런가 하면, 교단정비에 필수적으로 필요한 일은, 스승인 수운 선생의 유저(遺著)를 정리하여, 경전으로 발간하여 세상에 내놓는 일이라고 하겠다. 즉 한 종교의 조직이 보다 구체적으로 확립되고, 또 공고히 되기 위해서는 교도의 확보를 통한 교세의 확장, 그리고 도를 세상에 편 교조(敎祖)의 위상(位相)에 대한 확립, 나아가 이들 교도들에게 가르침을 펼 경전의 확정이라는 사실은 너무나도 당연한 사실이 된다.

 해월 선생은 바로 이와 같은 사실을 깊이 절감하고, 관의 지목 속에서도 수운 선생의 기일(忌日)과 대도를 받은 대도승통일(大道承統日)에는 치제(致祭)를 드려, 대선생을 기리고, 교조로서의 그 위상을 공고히 했던 것이다. 또한 이러한 치제와 아울러 도인들의 정성을 모아 경전발간에 주력을 하게 된다. 즉 스승님의 가르침을 세상에 펴는 일에 주력을 해갔던 셈이다.

『용담유사』(계미판; 1883)

단양의 천동은 본래 우리말로 '샘골'이라 불리던 곳이다. 단양군 남면에 위치하고 있는 곳으로, 오늘의 신단양 시가지를 지나 우화교(羽化橋)를 건너 상선암(上仙岩)이 위치한 계곡의 옆길로 들어서면, 단양팔경(丹陽八景) 가운데 하나인 사인암(舍人岩)을 만나게 된다. 이 곳 사인암에서 다시 작은 계곡의 물길을 따라 올라가면, 예천(醴泉)으로 나가는 큰 국도로 이어지는데, 이 국도를 벗어나 남면 장정리(長亭里)로 들어가는 소로를 만나게 된다. 길을 따라 10여 리쯤을 들어가면, 해월 선생이 한때 거처하면서 동학의 조직을 강화하였던 장정리이다. 이 곳 장정리를 뒤로 한 채 올라가 만난 산밑 마지막 동리가 바로 샘골이라는 마을이다.

지금도 산밑 첫마을, 몇 채 되지 않는 인가가 점점이 부락을 이루고 있는 마을로서, 심심산골에 위치한 마을이다. 해월 선생은 이 곳 험진 산골 작은 마을에 경전 개간소(開刊所)를 마련하고는 『용담유사』를 간행했던 것이다. 기록에 의하면, 신사년(1881) 6월에 이 곳 여규덕(呂圭德)라는 도인의 집에 개간소를 마련하고 간행했다고 되어 있다. 인제 갑둔리(甲遁里)에서 처음 『동경대전』을 간행할 때가 경진년(庚辰年:

1880)이니, 꼭 한 해 뒤가 된다. 즉 『동경대전』을 간행하고 이어서 가사로 되어 있던 경전인 『용담유사』를 간행하게 되었으니, 이 곳은 바로 인제 갑둔리에 이어 수운 선생의 유저(遺著)인 두 권의 경전 모두를 간행한 감격을 누린 곳이기도 하다.

천동 작은 마을에 지금은 『용담유사』를 간행한 여규덕의 집이나, 여씨(呂氏) 등의 행적을 찾을 수는 없다. 다만 한가로운 산골 농촌의 모습을 띠고 있을 뿐. 그와는 대조되게, 천동에서 옆으로 내려다보이는 남조라는 마을은 뜻하지 않은 유황온천의 개발로 온 동리가 시끄럽다. 공사는 한창 물이 올라 중장비들이 마을 입구를 오르내리고 있으니 이런 추세로 나가면, 머지 않아 이 곳 천동마을까지 중장비들이 몰려들어 동학의 중요한 유적지가 훼손되지 않을는지 걱정이다.

2

해월 선생이 인제와 이 곳 단양 천동에서 간행한 『동경대전』과 『용담유사』는 모두 오늘에 전하지 않고 있다. 최초의 간행본이라 할 수 있는 이 두 판본이 전하지 않고 있는 것이다. 그래서 오늘 우리는 그 경전의 면목을 볼 수가 없다. 다만 계미년(癸未年: 1883)에 경주에서 간행되었다는 『경전』과 기록에는 없지만 발견된 계사판(癸巳板: 1893년판)이 있어 오늘 우리의 중요한 경전의 유산이 되고 있을 뿐이다.

해월 선생은 기록에 의하면, 경진년과 신사년에 각기 두 권의 경전을 간행하고, 불과 3년 뒤인 계미년에 충청북도 목천군 내리 김은경의 집에 간행소를 설치하여 『동경대전』을 발간하는 역사를 치르고, 이내 같은 해 경주에서 또 경전을 간행하였다고 되어 있다. 이 때의 기록에 의하면, 발간부수가 각기 100부 정도이다. 이러한 규모로 보아, 이 곳 단양 천동에서 발간된 부수 역시 이와 그 규모가 비슷했을 것으로 생각된다.

오늘과 같이 인쇄술이 편리하게 발달한 시기에도 한 권의 책을 낸다는 것은 보통 어려운 일이 아니다. 그러함에도 불구하고, 해월 선생은 관가의 지목을 받던 위급한 상황 속에서도 한 해 걸러 경전을 간행했던 것이다. 경전을 간행하기 위해서는 필요한 자금과 작업을 해야 되는 인쇄기술자의 공급이 우선으로 요구된다. 목판을 깎고 침자(梣字)를 하는 공정을 거침은 물론, 인쇄기를 마련하고 종이를 구입하고 제책을 해야 하는 엄청난 역사가 이에는 뒤따른다. 오늘과 같이 모든 물자와 기술이 잘 유통되는 시절도 아니고, 더구나 산간벽지라는 지형적인 악조건 속에서, 관의 지목을 피해 만드는 인쇄의 과정은 너무나도 어려운 작업이 아닐 수 없었을 것이다. 그러므로 모든 인쇄공정을 손수 당시의 동학교도들이 해나갔을 것으로 추측된다.

이와 같은 점은 감안해 보면, 당시 해월 선생을 비롯한 동학의 많은 인사들은 인쇄를 비롯한 특수기능에 매우 뛰어난 사람들이었을 것으로 생각된다. 특히 해월 선생이 스스로 젊은 시절 잠시 제지소에 몸을 의탁하고 있었다는 사실이 많은 것을 시사해 줄 것으로 여겨지기도 한다. 제지소의 종이는 인쇄의 중요한 한 부분이기 때문이다. 그러므로 바로 이와 같은 특수분야에서의 기능이 뒷날 이어지게 되는 동학혁명의 실질적인 면을 담당하게 했을 것으로 생각되기도 한다.

특히 인쇄는 곧 보다 신속히, 보다 많은 사람들에게 어떠한 사실을 대량으로 전달하고 또 규합하게 하는 중요한 몫을 담당하고 있는 것이기 때문이다.

또한 해월 선생이 지역을 바꾸어 가며, 경전을 한 해 걸러만큼씩 발간하게 된 데에는 여러 이유가 있었을 것으로 생각된다. 목천(木川)에서 발간된 경전의 부수가 100부 가량이라고 전하는데, 사실 이 시절 100부라는 수량은 매우 많은 것이 된다. 그 많은 책을 한 해 걸러 100부라는 당시로서는 어마어마한 부수를 간행했다는 것은 그 수요가 그만큼 많았다는 의미로 해석될 수 있다. 즉 그 수요는 곧 당시 새로이 조직된 동학의 규모가 얼마만큼이나 큰지를 짐작하게 해주는 숫자이기도 하다.

또한 경전 간행소를 한 곳에 설치하여 계속적으로 간행한 것이 아니라, 강원도 인제, 충청도 단양·목천, 그리고 경상도 경주 등지로 이전하며 간행했다는 사실은 당시 동학교도의 분포를 의미하는 것이기도 하다. 강원도·충청도·경상도 일원에 두루 교도가 펴져 있어 그 조직이 강화되었다는 의미가 이에는 있는 것이다. 그러므로 각 지역의 경전공급을 보다 원활하게 했던 것으로 생각된다.

이러한 추론과 함께, 『동경대전』계미판의 발문(跋文)을 보면, 인제에서 간행된 경진판이 잘못된 부분이 많아, 목천에서 다시 간행한다는 기록을 찾을 수 있다.

아아! 선생 포덕 당세에 성덕의 잘못이 있을까 두려워 계해년에 이르러 친히 시형에게 주시며 항상 침자의 가르침이 있어, 뜻이 있었으나 이루지 못하다가, 갑자년의 불행한 일 이후 세월은 오래되고 도는 미미하여 장차 18년의 오랜 시간이 지나 경진년에 이르러 전일의 가르침을 극념하여 동지들과 더불어 논의를 하고, 약조를 꾀해 새기는 공을 이루었으나 글이 많이 빠진 한탄이 있었다. 고로 목천접중으로부터 찬연히 복간하여 무극의 경편을 나타내게 되었다.

즉 해월 선생은 당신의 '최보따리'라는 별명과도 같이 스승으로부터 물려받은 가르침의 글을 보따리에 싸서 태백산맥과 소백산맥을 넘나드는 어려운 환경 속에서 목판으로 간행을 하였다. 또 그 과정에 하나라도 잘못된 부분이 있으면, 다시 간행을 하여 스승님의 가르침을 온건히 세상에 전하려는 의지를 여실히 드러내 보인 모습이라 하겠다.

또한 이러한 저간의 사정들로 미루어보아, 해월 선생은 수운 선생으로부터 받은 경전의 원본과 또 이를 손수 구송(口誦)하여 책자로 발간한 것으로 생각된다. 즉 세간(世間)에 전하는 경전발간의 구송설(口誦說)과 원본설(原本說), 어느 한 곳에 치우치지 않고, 이 두 방법을 모두 절충적으로 사용한 것으로 판단된다.

3

단양 일대는 우리가 해월 선생을 생각할 수 있는 매우 중요한 지역이다. 특히 이 곳 천동은 『용담유사』라는 경전을 발간한 곳으로, 수운 선생의 가르침을 보다 공고히 하고자 했던 해월 선생의 신념과 열망이 담겨진 지역이 된다. 지금은 비록 그 흔적조차도 찾을 수 없이 잊혀지고 또 변해버렸지만, 심심산골 깊은 산골마을에 숨어, 흩어진 경전을 모으고 검토하고, 해월 선생이 직접 영(靈)으로 암송을 하여 원본을 확정하기 위하여, 동학의 여러 인사들이 밤잠을 잊으며 머리를 맞대고 숙의를 했던 곳이기도 하다.

그런가 하면, 침자(梣字)를 하고 또 인쇄를 하며, 신성(神聖)의 말씀을 하나라도 그릇되게 하지 않기 위하여 온갖 정열과 심혈을 기울인 곳이 바로 이 곳이다. 바로 이러한 정성의 뒤에는, 이어받은 대도를 온 천하에 펴야 한다는 해월 선생의 투철한 사명감이 담겨진 것이요, 그러기 위해서는 가르침이 담긴 경전이 무엇보다도 먼저 이 세상에 나와야 한다는, 그러한 종교지도자로서의 탁월한 판단이 담겨져 있는 것이라고하겠다.

즉 인제 등지에서 해월 선생을 모시고 경전간행에 직접 참여했던 김연국이 쓴 1907년 천도교 중앙총부 간행의 『동경대전』발문을 볼 것 같으면, 해월 선생이 왜 그토록 어려운 상황 속에서도 거듭 경전을 간행하게 되었는가 하는 저간의 의미를 다소나마 찾을 수 있을 것으로 보인다.

예전에 수운 선생께서 일경(一經)을 지어 후세에 내렸는데, 당시 문제(門弟)가 친자(親炙)하는 것을 듣는 대로 따라 끌어써서 혹 다르고 같은 것이 잘못된 것이 없지 않아, 우리 해월 선생께서 심히 오래되고 진리를 잃을 것을 두려워하여, 이에 기궐을 명하셨다.

해월 선생은 사람의 입과 입을 통해 잘못 완전(訛傳)된 경전으로 교도들이 잘못 그 가르침을 받을 것을 염려하여, 수운 선생이 가르침을 준

그대로, 조금도 틀림이 없는 경전을 세상에 내놓으려고 이렇듯 각고의 노력을 했던 것으로 이해할 수 있다. 다시 말해 경전을 통한 가르침의 정통성(正統性)을 확보하고, 이에서 한 걸음 더 나아가 진정한 경전으로서의 그 권위를 부여하기 위한 노력의 일환이라고 생각된다.

이러한 한 종교지도자로서의 탁월한 판단은 후일 갑오 동학혁명을 이끄는 원천적인 힘으로 작용했을 것으로 생각된다. 특히 앞에서 잠시 이야기한 바와 같이, 경전을 모으고 침자를 하고 인쇄를 하고 제책을 하여 완결된 경전을 다시 교도들에게 배포한다는 체계적인 조직이 바로 갑오 동학혁명의 가장 중요한 힘이었던 조직력을 이룬 매우 중요한 바탕이 되었을 것으로 보인다.

해월 선생의 모습

단양 천동, 지금은 산골 그저 평범한 농촌이지만, 100여년 전 오늘의 동학의 중요한 가르침인 『용담유사』가 그 정통성을 지니고 경전으로 다시 태어난 곳이라는 생각을 하면, 절로 고개가 숙여지지 않을 수 없는 일이다.

15
익산 사자암(獅子庵)

궁을(弓乙) 영부(靈符)를 그리는
해월 선생

✤ 쉬어가는 곳 ✤

1

익산(益山) 사자암(獅子庵)은 전라북도 익산시 금마면 신용리의 미륵산[일명 금마산이라고도 함] 정상 가까운 계곡에 파묻히듯이 자리하고 있는 작은 사찰의 이름이다. 이 암자는 모악산 금산사의 말사(末寺)로서, 지금은 다만 승려 두 사람이 지키며 수행을 하는 매우 작은 암자이다. 신용리 입구에서 마을의 어귀를 지나 산길을 따라 길을 오르면, 다시금 가파른 계곡 길을 만나게 된다. 계곡을 오르다 보면 다시 이 지역 특유의 대나무숲과 소나무의 푸르름을 지나게 되고, 기이한 바위들이 아름다운 경치를 이루고 있는 골을 따라 들어가게 되는데, 그 골짜기 막다른 곳에서 미륵산 가슴에 안기듯이 자리하고 있는 사자암을 만나게 된다.

사자암이 들어앉은 골짜기 막바지는, 들어서는 입구를 제외하고는 삼면이 대부분 바위벽으로 둘러져 있어, 마치 큰 바위산을 깎아내고, 그 안에 암자를 들여앉힌 듯한 느낌을 준다. 사자암이 들어앉은 골짜기 뒤가 바로 이 미륵산의 두 봉우리 가운데 하나인 장군봉의 정상으로, 정상은 여느 산의 정상과도 같이 기이한 모습의 바윗덩어리로 이루어져 장관을 이루고 있다.

정상에 올라 이제 산 아래를 내려다보면, 사자암을 품고 있는 골짜기는 능선과 능선이 연이어 연봉(連峰)을 이루고 있지만, 그 뒤쪽으로는 호남평야의 드넓은 뜰이 시야에 가득 들어와 또한 장관을 이룬다. 마치 산과 산이 연봉을 이루며 달리고 달려와 마침내 이 미륵산에 이르러 문득 끊어진 듯한. 그래서 이 미륵산은 수많은 연봉을 거느리고 드넓은 평야의 앞에 우뚝이 서 있는 장군의 형상을 하고 있는 것이다.

이 곳 익산 미륵산 사자암은 해월 선생이 갑신년(甲申年: 1884) 6월 지목의 혐의를 피해 잠시 와서 머물던 곳이라고 한다. 『천도교서』나 『천도교회사』・『천도교월보』 등의 여러 동학・천도교 관련의 기록들을 살펴보면, 다름과 같은 기록들을 찾아볼 수가 있다.

해월 선생이 호남지방 포덕의 전진기지로 삼았던
익산 사자암 현판

6월에 신사(神師: 해월 선생을 지칭하는 말임) 지목의 혐의로 익산 사자암에 은거하실새, 박치경(朴致京)의 주선으로써 범 사삭(四朔) 동안을 경과하시다가 박치경이 상주 전성촌(前城村)에 가옥 삼간을 매득하야 신사댁을 이접케 하다.

『천도교회사』

또한 해월 선생이 이 곳 익산 사자암에 들어온 것은 수운 선생이 신유년(1861)에 남원 은적암에 몸을 의탁하여 머문 이후, 동학의 중요 지도자로서는 처음 이 호남지방으로 들어왔다는 사실을 말해 주기도 한다. 이와 같은 사실이 다음의 기록에 나타나고 있다.

> 포덕 2년 신유에 수운 선생께압셔 남원 전주로부터 순가(巡駕)하사 포덕을 위시(爲始)하실 때에의 서광이 본군에 조입하다. 포덕 25년 갑신 춘에 해월 선생께압셔 본군 박치경을 솔하시고 미륵산 사자암에 왕하사 연성기도 후로 교운(敎運)이 차차대진하였다.
>
> 『천도교회월보』189호

다시 말해서 경상도 일원과 강원도 산간으로 피해 숨어 지내다가 해월 선생이 갑신년(1884)에 비로소 호남지역인 이 곳 익산 사자암을 중심으로 포덕의 기반을 넓힌 것으로 생각할 수가 있는 기록이다. 그러니 이 곳 익산에 오게 된 것은 해월 선생이 단양 장정리에서의 7년간의 생활, 그리고 장정리를 중심으로 교단을 정비하고, 경전 등을 발간하여 더욱 연원의 정통성을 공고히 한 이후의 일이 된다. 즉 익산 사자암은 동학의 교세가 경상도와 강원도, 강원도 접경의 충청도 일원에서 전라도까지 보다 확대되는 중요한 거점과 같은 지역으로 그 중요한 의미를 지닌다.

2

해월 선생이 이 곳 사자암에서 머문 기간은 약 4개월 정도가 된다고 한다. 앞의 기록과 같이 사자암으로 해월 선생을 안내한 사람은 전라도 여산(礪山)출신의 사람인 박치경(朴致京, 혹은 敬·卿 등으로 표기된 기록

익산 사자암으로 들어가는 사자동천(獅子洞天)

도 있음)이라는 사람이다. 박치경은 임오년(1883)에 해월 선생과 인연을 맺고 동학에 입도한 사람이다. 그런가 하면, 후일 보은취회(報恩聚會)에서 고산(高山)의 대접주로 활약한 사람이기도 하다. 그밖에 많은 기록에 의하면, 박치경 이외에도 해월 선생은 이 곳 익산의 사자암으로 오기 전에 호남·호서 지역의 인사와 만나고, 또 이들을 중심으로 강론을 한 기록이 나오고 있다.

경상도 일원과 강원도 산간, 그리고 강원도 접경인 충청도 일원에서 교단을 정비하고 포덕활동을 펴던 해월 선생이 기록에 의하면, 한번도 호남일대로 포덕이나 다른 일로 떠난 적이 없었다. 그러나 소문을 듣고 찾아온 사람, 혹은 수운 선생이 남원에 머물 동안에, 도에 입도를 했던 사람들이 해월 선생의 포덕소식을 듣고 찾아왔거나, 만나기를 희망했을 것으로 추정된다.

그러나 박치경의 주선으로 이 곳 사자암에 은거하게 된 해월 선생은 박치경 등을 중심으로 전라도 일대에 본격적인 포덕을 하게 되고, 호남

일대로 교단의 세력을 늘리는 전진기지로 바로 이 곳 사자암을 택한 것으로 추정해 볼 수가 있다. 『천도교월보』에 전하는 〈여산종리원연혁(礪山宗理院沿革)〉이나 〈익산종리원연혁〉 등의 기록이 시사하는 바와 같이, 해월 선생의 갑신년 사자암 은거 이후, 이 지역의 포덕과 동학의 활동이 활발해졌다는 기록들은 바로 이와 같은 점을 시사하는 것이라고 할 수 있다. 즉 익산의 사자암은 다름 아니라, 동학이 경상도·강원도·충청도 일원에서 전라남·북도, 곧 호남지역으로 그 교세를 펼치게 했던, 그러므로 삼남(三南)일대로 걸쳐지는 광범위한 지역으로 그 교세가 확산되게 했던 매우 중요한 전환의 지점이 되고 있는 것이다.

특히 해월 선생은 익산 사자암에 오기 바로 전인 계미년(1883) 2월에 뒷날 동학·천도교의 3세 교조가 된 의암(義菴) 손병희(孫秉熙)를 비롯한 제4세 대도주(大道主)가 된 춘암(春菴) 박인호(朴寅浩)와 동학혁명 당시 중요한 동학의 지도자로 활약한 손천민(孫天民)·황하일(黃河一)·서인주(徐仁周)·윤상오(尹相五) 등 호서지역이나 호남지역과 인연이 깊은 새로운 인사들을 대거 동학에 영입하기도 한다. 그런가 하면, 사자암에 은거한 다음해인 포덕 26년(1884) 10월에는 의암과 춘암을, 그리고 송보여(宋甫汝) 등과 더불어 공주 마곡사의 부속암자인 가섭사(迦葉寺)에 들어가서 49일의 기도를 드린다. 다음과 같은 기록들을 보기로 하자.

2월에 손병희·손천민·박인호·황하일·서인주·안교선·오규덕·김은경·유경순·이성모·이일원·여규신·김영식·김상호·안익명·윤상오 등이 차례로 신사께 배알한대 신사[오도(吾道)의 운(運)이 장차

(將次) 흥융(興隆)하리라]는 설법이 유하시다. … 10월에 신사 손병희·박인호·송보여로 더불어 가섭사에서 기도를 행하시다.

『천도교회사』

이러한 기록들이 말해 주고 있는 것은 다름 아니라, 해월 선생이 경상도·강원도 일대에서 해월 선생 중심의 교단정비를 마친 이후에, 새로이 호남지역 등을 그 포덕의 대상으로 삼았음은 물론, 새로이 입도한 젊은 동학의 신진(新進)인사들을 중용(重用)하여, 이들 중심의 보다 대대적인 포덕과 교세확장, 나아가 교단의 대정비에 들어갔음을 암시하는 사실들이라고 하겠다.

그런가 하면, 끊임없는 관의 지목과 유생(儒生)들의 탄압에 대비하여, 해월 선생은 강서(降書)로써 13자 주문을 개작하여, 〈봉천상제일편심조화정만사지(奉天上帝一片心造化定萬事知)〉의 주문을 짓기도 한다. 이는 주문중에 나오는 '천주(天主)'라는 두 자로 인하여, 자칫 당시의 유생이나 관으로부터 서학으로 지목받고 있는 것을 방지하기 위한 방편의 하나이기도 했던 것이다. 다음과 같은 기록들이 이를 말해 주고 있다.

시인(時人)이 천주(天主) 이자(二字)로써 지목(指目)함을 피하야 강서(降書)로 주문(呪文)을 개작하사 일시권행(一時權行)하시니 주문은 〈봉천상제일편심조화정만사지(奉天上帝一片心造化定萬事知)〉러라.

『천도교회사』

해월 선생은 관의 지목을 피하여 강원도 산간에서 익산의 사자암으로 숨어들었고, 이 곳을 거점으로 호남의 인사들을 맞이하는 한편, 그 교세를 삼남(三南)일대로 펼쳤다. 또한 보다 주도면밀하게 관의 지목을 피하기 위하여 많은 대책과 방안을 마련했던 것으로 해석될 수 있는 것이다. 그러므로 보다 공고히 교단을 크게 정비해 나갔던 것으로 풀이할 수가 있다.

3

백제 무왕(武王)이 마(薯)나 캐며 자신이 비천한 시절을 이겨냈고, 이내 한 나라의 임금으로 등극하게 되었다는 '서동(薯童)의 설화'가 유서 깊이 서려 있는 미륵사, 그 미륵사를 앞에 하고, 호남의 드넓은 평야를 내려보듯 서 있는 미륵산, 그 산의 깊은 가슴에 안기듯 들어앉아 있는 사자암. 산의 정상을 향하여 면면히 뻗어 있는 계곡이 끝이 나고, 그래서 이내 푸르른 하늘이 대숲을 사이하고 슬쩍 내비치는 사자골의 끝자락, 사자동천(獅子洞天)을 차지하고 앉아 있는 사자암은 어느 의미에서 수도자에게는 은신하기에 아주 가장 적당한 장소가 아닐 수 없다.

삼면이 암벽으로 이루어져, 골짜기를 거슬러 올라오던 바람마저도 이 곳에 와서는 스스로 잦아지는 이 곳 사자암 자리는, 마치 이내 곧 사자가 무서운 용맹으로 포효를 하기 위하여 팽만된 가슴으로, 잔뜩 깊은 숨을 들이마시고 있는, 그러한 형국을 하고 있는 것이다. 마치 새로이 교세를 펼쳐나갈 원대한 꿈을 지니고 한여름을 보낸 해월 선생의 뜨거운 동학에의 열망과도 같이.

갑신년 해월 선생이 익산 사자암에서 머문 이후, 동학교단은 여러 측면에서 새로운 전환을 맞이하게 된다. 앞에서 잠시 이야기한 바와 같이 교세를 삼남(三南)일대로 넓혔고, 나아가 새로 입도한 젊은 인재들을 도(道)운용에 중요하게 많이 기용하고 있음은 물론, 갑자년(1864) 대구장대에서 억울하게 좌도난정(左道亂正)과 혹세무민(惑世誣民)의 죄명으로 욕을 당한 수운 선생의 신원(伸寃)을 위한 계획을 세웠던 것으로 추정할 수가 있다.

그러므로 해월 선생은 수운 선생 신원을 위하여 삼례(參禮)에서 대집회를 갖기 전까지, 10여 회의 순회포덕을 시행하여 조직을 강화하는 한편 강서(降書) 등을 통하여 새로운 인식을 제자들에게 불어넣어 주고자 노력을 하게 된다. 즉 조직의 강화는 보다 효율적인 인원동원과 결집된 힘을 갖기 위함이요, 강서 등을 통한 가르침은 내적으로는 신앙심을 높이는 작업이요, 외적으로는 당시 조정(朝廷)을 비롯한 지배계층에게 동학의 가르침을 보다 올바르고 긍정적으로 인식시키기 위한 노력의 하나라고 볼 수 있다.

해월 선생의 이와 같은 주도면밀한 계획과 실천은 결국 강원도·경상도·충청도 등지의 소백산·태백산으로 숨어들며, 관의 지목과 지방 수령들의 수탈을 피해 수동적으로 전개해 나가던 포덕방법을 과감히 탈피하고, 보다 공인된 입장에서 포덕을 해나가고자 하는, 포덕방향의 커다란 전환이기도 한 것이다. 곧 갑자년(1864) 수운 선생의 대구장대에서의 수형(受刑) 이후에 힘난한 은도(隱道)의 시대를 청산하고, 새로운 현도(顯道)의 시대를 열어가고자 하는 그·구체적인 계획과 실천이 되고 있는 것이다.

이와 같은 익산 사자암에서의 해월 선생의 구도(構圖)는 뒷날 삼례에서 열리게 되는 수운 선생 신원(伸寃)의 대집회로 이어지게 되고, 갑오년(1894) 척양척왜(斥洋斥倭)의 기치를 높이 올리는 동학혁명의 시원이 되기도 하는 것이다. 이내 곧 사자의 커다란 포효를 터뜨릴 듯한, 미륵산 가슴에 자리하고 있는, 뭇 연봉들을 거느리고 드넓은 평원을 향해 달릴 듯한 기세로 서 있는 사자암. 해월 선생의 오랜 구도(求道)와 내일의 석문(石門)을 열고, 새로이 세상을 향해 한 발을 내디딜, 그 순간의 고요가 자리한 사자암.

겨울 짧은 햇살 속, 골짝을 숨가쁘게 거슬러 올라온 매서운 겨울바람도 이 곳에 이르러서는, 스스로 고요로움으로 잦아지고 있을 뿐이다. 큰 뜻을 품은 은자(隱者)의 그 적요하고 또 깊은 그 숨결마냥.

◈ 쉬어가는 곳 ◈

16
삼례(參禮)

광화문 복합상소 광경

✤ 쉬어가는 곳 ✤

1

 동학의 초기 역사는 고난과 형극의 역사라고 하여도 과언이 아니다. 경신년(1860) 수운 선생의 결정적인 종교체험과 함께 동학의 역사는 시작된다. 수운 선생은 한울님으로부터 무극대도를 받는다는 결정적인 종교체험을 한 이후, 다만 수련에만 정진하다가 다음해인 신유년에 이르러 비로소 도를 세상에 펴기 시작하였다.

 수운 선생이 세상에 도를 펴자 경주 용담 일대는 도를 물으러 오는 사람들로 연일 시장바닥마냥 붐볐다고 한다. 그러므로 이러한 것을 의아하게 여긴 영남 일대의 유생(儒生)들과 경주관아는 수운 선생을 감시하고 또 지나치게는 탄압하기에 이르고, 이 탄압은 이내 중앙정부에까지 이어지게 된다. 마침내 중앙정부에 의하여 수운 선생은 체포되고 또 참형을 당하게 된다.

 이후 동학의 교단은 지속적인 지목과 추적 속에서 산간으로 숨어들어 어려운 포덕의 길을 가게 된다. 그러나 스승으로부터 도를 이은 해월 선생의 지속적인 노력과 또 교단중흥을 위한 정성은 마침내 동학을 다시 일으키는 계기를 이루었고, 그 교세 역시 삼남(三南)일대에 폭넓게 퍼지게 되었다.

 따라서 동학교단은 의례를 정비하며, 한편으로는 교도들을 정비하고, 이어서 각 지역의 접주를 정하여 교단을 정비하는 한편 수련 등의 종교의식을 지속적으로 정례화함으로써 명실공히 내외 모두를 정비하는

교조신원운동을 일으켰던 삼례 일대

데에 성공하게 된다. 또한 경전 등을 간행함으로써 새로운 세계를 열어 갈 채비를 어느 정도 이룩했다고 하겠다.

그러나 관의 탄압은 조금도 수그러들지 않은 채, 오히려 더해 가고 있었다. 따라서 동학을 신봉하는 교도들은 관으로부터 재물을 빼앗기고, 또 투옥되는 일이 각처에서 비일비재하게 일어나고 있었다.

이러한 관의 탄압은 궁극적으로 동학이 조선조 조정으로부터 공식적인 인가를 받지 못했기 때문에 일어나는 일이라고 하겠다. 또한 교조인 수운 선생의 참형이 혹세무민(惑世誣民)과 좌도난정(左道亂正)이라는 죄명으로부터 벗어나지 못했기 때문인 것이다. 따라서 동학이 이 관의 지목과 탄압이라는 굴레에서부터 벗어나고 또 후천을 향하여 당당히 도를 펴기 위해서는 무엇보다도 교조인 수운 선생의 죽음이 신원(伸寃)되고, 나아가 복권되어야 한다는 당위성을 지닌게 된다.

동학의 교조신원운동(敎祖伸寃運動)은 바로 이와 같은 맥락에서 시

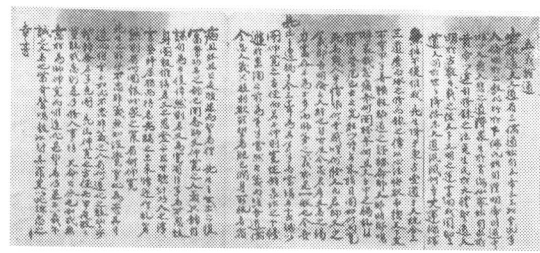

교조신원운동을 알리는 입의통문

작된 것이다.

이러한 교조신원운동의 시작은 충청도 공주(公州)에서부터 비롯된다. 지금까지 많은 연구에 의하면, 공주에서 일어나는 교조신원운동은 마치 동학의 지도급 인사였던 서인주(徐仁周)와 서병학(徐丙鶴)에 의하여 일어난 것으로 되어 있다. 물론 이들이 발의를 한 것은 분명하다. 그러나 최종적인 결정은 당시 도주(道主)인 해월 선생이 한 것이고, 나아가 당시 교인들을 동원하기 위한 〈입의문(立義文)〉 등은 다름아닌 해월 선생에 의하여 이룩되고, 또 해월 선생의 이름으로 전국의 동학도들에게 배포되어 비로소 동학도들이 모일 수 있었고, 나아가서는 교조신원운동이 시작되었다고 하겠다.

특히 서인주·서병학 등에 의하여 교조신원운동이 발의된 것은 1892년 7월의 일이다. 그러나 이 때에는 해월 선생에 의하여 인허가 나지 않았었고, 같은 해 10월에 이르러서야 사태가 긴박하게 됨에 따라 해월 선생이 결단을 내리게 된다. 그에 따라 해월 선생을 중심으로 〈입의문〉이 작성된다. 특히 전라도 일대에서 발견되고 있는 〈입의문〉의 작성일자는 모두 10월 17일로 되어 있어, 『시천교역사(侍天敎歷史)』 등의 동학관련 역사서에 나타나는, 해월 선생이 결단을 내린 시기와 일치하고

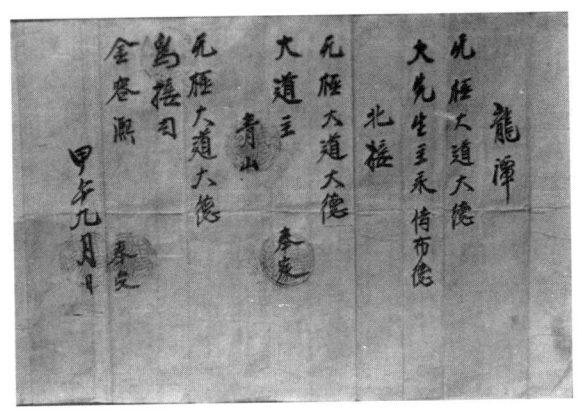

해월선생이 동학도에게 내린 도첩

있음을 볼 수가 있다. 이는 바로 해월 선생의 결단에 의하여 비로소 교조신원운동이 일어났다는 사실을 입증하는 매우 중요한 증거들이라고 말할 수가 있을 것이다.

동학의 교조신원운동은 공주(公州)·삼례(參禮)·광화문(光化門) 그리고 보은(報恩) 등지에서 일어난다. 즉 지방에서 두번의 신원운동을 펴므로 힘을 얻은 동학교도들은 유생들이 상소(上疏)를 올리듯이 광화문에 모여 복합상소(伏合上疏)를 올리는 형태를 취하게 된다. 따라서 광화문 복합상소는 동학의 존재를 전국민에게 알리는 계기가 되었을 뿐만 아니라, 당시 우리나라에 들어와 있던 외국인들에게 동학의 존재를 알리는 기회가 되기도 하였다.

즉 동학의 교단은 공주·삼례·광화문 등지에서의 교조신원운동을 통하여, 국가로부터 동학을 합법적으로 승인받고자 노력하는 한편, 동학이 지향하는 바 보국안민(輔國安民)과 광제창생(廣濟蒼生)의 의의를 보다 구체적으로 펴나간 것이라고 하겠다.

2

 전라북도 삼례는 예로부터 교통의 중요한 거점이다. 특히 전북일대의 주요도시로 나아가는 길목이 되는 곳이기도 하다. 그래서 이 곳 사람들이 하는 말로써, 삼례를 중심으로 "이리 가면 이리(裡里), 저리 가면 전주(全州), 그리 가면 금마(金馬)"라고 말할 정도로, 전북의 모든 주요도시로 나아가는 길목과 같은 지역이 곧 삼례인 것이다.
 또한 삼례에는 동서로 흘러내리는 만경강이 도시를 가로질러 있으며, 사방이 평야를 이루고 있는 곡창지대로 식량조달이 편리한 곳이기도 하다. 이렇듯 식량조달이 편리하다는 것은 많은 사람이 한꺼번에 머물 수 있는 여건이 되며, 또한 전라감사가 있는 전주와는 그 거리가 불과 얼마 되지를 않아 전주로 들어가는 문턱과 같은 곳이기도 하다.
 따라서 이 곳 삼례는 각지에서 많은 사람들이 일시에 모일 수 있는 여건이 조성된 곳이다. 바로 이와 같은 지역적인 특성으로 인하여, 동학의 지도부는 공주 교조신원운동이 의외로 큰 성과를 거두게 되자, 이번에는 전라도 관찰사를 상대로 한 교조신원운동을 이 곳 삼례에서 추진하자는 결정을 하게 된다.
 또한 삼례는 당시 이명로(李明老) 등 동학의 지도급 인사들이 많이 살았고, 많은 인원을 유숙(留宿)시킬 수 있는, 그러한 여건을 갖춘 곳이다. 따라서 동학의 지도부는 1892년 10월 25일 이 곳 삼례에 동학도회소를 설치하고, 교조신원운동의 만반의 준비를 하게 된다. 각처의 동학도들이 모이는 날짜는 11월 1일로 정하고, 10월 27일 밤에 〈경통(敬通)〉을 각지에 발송하기에 이른다.

〈경통〉의 전문은 다음과 같다.

삼가 통문을 보낸다. 몸소 하늘을 받들고 땅에 서서 대선생으로부터 은혜를 입어 도를 받은 여러 군자들은 누군들 신원치 못함을 원통한 심정이 없으랴. 그러나 우금 30여년이나 지목의 혐의로 마치 죄지은 사람처럼 두려워 숨어살으니 이 또한 천운이로다.

이번에 충청감사에 신원을 호소하고 전라감사에게 의송(議送)하는 것도 역시 천명이다. 각 포(各包) 여러 접장들은 일제히 이 곳에 모이도록 하라. 알고도 모임에 오지 않는 사람은 어찌 수도하고 오륜을 익혔다 하겠는가. 명색이 사람으로서 선생님의 원통함을 펼 줄 모른다면 금수와 멀다 하랴. 가깝다 하랴.

다시 통문을 보낸 후에도 곧 달려오지 않으면 응당 별단의 조치를 마련할 것이다. 머지 않아 하늘의 죄를 얻을 것이니 다시 무엇을 바랄 것인가. 사심이 의리를 해침을 깊이 반성하고 소인의 그릇된 말을

각 도 동학도들의 의송단자(議送單子)

듣지 많으면 매우 다행이라 하겠다.

임진 10월 27일 밤. 전라도 삼례도회소

〈통문〉의 내용은 매우 강경한 어조로 되어 있음을 볼 수가 있다. 강경한 어조와 함께 모든 동학도들이 삼례로 모일 것을 강하게 촉구하고 있음도 또한 볼 수가 있다.

〈통문〉을 받은 동학도들은 의관을 정제하고 각처에서 삼례로 모여들게 되었다. 동학의 역사서인 『천도교회사』 등에 의하면, 10월 29일부터 모여든 동학도들의 숫자는 수천 명에 이르렀다고 한다. 이 때의 지도자는 공주에서 경험을 얻은 서인주와 서병학이었다. 또한 이 곳에는 고부(古阜)접주인 전봉준(全琫準)도 참여했으리라는 것이 대부분 연구자들의 의견이기도 하다. 그러나 해월 선생은 중도에 낙상을 하여 참석하지를 못한다.

11월 1일 서병학이 작성한 〈의송단자(議送單子)〉를 11월 2일 전라감사인 이경식(李耕植)에게 전달하게 된다. 이를 전할 때 고부접주인 전봉준과 남원접주인 유태홍(柳泰洪)이 자원하여 전주감영에 전하는데, 이 때 전한 〈의송단자〉의 내용은 첫째 동학이 결코 서학과는 다르다는 것. 둘째 서학으로 오인되어 교조인 수운 선생이 극형을 당하였고, 서학으로 몰아 관인들이 동학도를 탄압하는 실태. 셋째 서양과 왜의 해독이 자못 우리나라에 심하다는 사실. 넷째 감사는 이러한 참상을 살피어 임금에게 올려서 백성을 도탄에서 구하도록 할 것. 끝으로 교조인 수운 선생의 원한을 씻게 해달라는 내용이었다.

이렇듯 간절한 내용이었으나 전라감사는 아무런 조치를 취하지 않고

각 도 동학도들의 의송단자(議送單子)

있었다. 엿새를 기다린 도소 지도부는 다시 〈의송단자〉를 만들어 올리게 된다. 이러하기를 여러 번 한 연후에야 전라감사는 비로소 동학도들이 순순히 물러나지 않을 것을 알고는 마지못해 '동학도의 재물을 약탈하는 행위를 엄금하라'는 〈감결(甘結)〉을 각 읍에 시달하기에 이른다. 이때가 11월 11일이니, 동학도들이 삼례에 모인 지 열하루째가 되는 날이기도 하다.

전라감사의 조치통고를 받은 동학도들은 일단 해산할 것을 결의하지만, 다시금 탄압을 재개하게 되면, 이에 대응하기 위한 방도를 마련하기 위해, 〈경통〉을 돌리게 된다. 〈경통〉의 내용은 대체적으로 차후 탄압이 재개될 경우에 대체하는 것으로 되어 있고, 동학도들에게도 모든 행동을 삼가해서 하라는 내용을 담고 있어, 동학도로서의 품위와 위치를 잃지 않게 하고 있음도 볼 수가 있다.

그러나 일단 해산을 한 이후에도 각 읍에서 동학도들에 대한 탄압이 계속되자, 다시 삼례와 원평(院坪) 등지에 모여 여러 형태로 관에 항거를 하게 된다.

3

　1892년 겨울이 시작되는 11월 초하루, 삼례에서 일어나게 된 교조신원운동은 공주 신원운동을 이은 것으로, 동학을 보다 조직적으로 세상에 알리게 된 동학의 대민중 집회라고 하겠다. 특히 동학이 어떠한 가르침인가를 세상에 구체적으로 알릴 수 있는, 그러한 계기가 된 모임이었으며, 시대적인 혼란과 관의 폭압 속에서 어려운 삶을 살고 있던 당시의 많은 사람들에게 새로운 희망을 심어준 운동이기도 하다. 따라서 이와 같은 두번의 교조신원운동은 당시의 도탄중의 백성들에게 새롭게 일어날 수 있는 용기를 주었고, 그러므로 충청도와 전라도 일대에 동학의 교세가 크게 일어날 수 있는 계기가 되었다.

　당시 동학도소(東學都所)가 삼례 어디쯤에 설치되었는지는 기록이 없어 알 수가 없다. 다만 수천 명에 이르는 동학교도들이 이 곳 삼례에 모였고, 비록 각처에서 사람들이 모였으니, 당시의 동학 지도부는 매우 일사불란한 지도체계를 갖추고 있었던 듯하다. 특히 〈관변기록〉에 의하면, 당시 관인이 이 곳을 찾아갔을 때에, 길 양옆에는 죽창을 든 동학도들이 줄을 지어 서 있었으며, 위엄을 보였다고 한다.

　또한 〈통유〉에서 밝혔듯이 이 곳에 모인 동학도들은 각 접주의 명에 따라 행동했다고 하니, 이 곳에서의 열하루의 생활은 마치 군영에서의 생활과 같이, 같은 시간에 잠에 들고, 같은 시각에 일어나며, 또 모여서 구호도 외치고 주문도 읽는 그러한 생활이었을 것으로 추정된다.

즉 삼례 교조신원운동은 충청도에 이어 또한 전라도에서도, 그러므로 온 팔도에 동학을 알리고 동학의 힘을 나타낸 중요한 모임이었다고 하겠다. 그런가 하면, 우리나라 초유의 조직적인 민중시위이기도 한 것이다.

민위(民意)를 표현하는 방법은 여러 가지의 형태가 있을 수 있다. 그러나 봉건적인 사회에서는 이렇듯 민의를 드러낸다는 것이 여간해서는 어려운 일이 된다. 특히 동학의 교조신원운동과 같이 대민중 집회를 통하여 민의를 나타내는 일은 사실상 어려운 일이라고 하겠다. 따라서 그 때까지의 양상은 대체로 어떠한 중간적인 과정없이 직접 '난(亂)'의 형태로 나타남이 일반적인 것이었다고 하겠다.

그러나 동학의 교조신원운동은 매우 조직적이고 또 평화적인 방법에 의하여 일어난 '민중집회'이다. 무력을 사용하지 않고, 〈의송단자〉를 통하여 민의를 전하는 방법을 행하였으며, 자체적으로는 민간에 피해를 주지 않도록 최대한 노력을 하기도 했던 것이다. 따라서 민중의 대표와 관이 대화를 통하여 모든 것을 해결하려는 노력을 보인, 대단히 그 정도가 높은 민중집회의 전형을 이 곳 삼례에서 동학도들이 이루어낸 것이라고 하겠다.

이는 곧 시민사회를 이루는 중요한 근간이 되는 것이기도 하다. 건전한 시민사회는 다름 아닌 이와 같은 민의의 적극적인 창출과 긍정적인 수용, 그리고 이로써 빚어내는 사회를 말하는 것이기 때문이다. 이와 같은 의미에서 본다면, 삼례에서 동학도들이 펼친 교조신원운동은 바로 '건전한 시민사회'를 이룩하고자 하는 또 하나의 모습이 된다고 하겠다.

그러나 당시의 동학 지도부에서는 자신들의 주장이 결코 충청도나 전라도 같은 지방관청에서는 이루어지지 않을 것이라는 사실을 알았던 듯하다. 즉 보다 본격적인 중앙정부와의 대화를 통하여 동학을 조정으로부터 인정받고, 교조인 수운 선생의 신원을 펴야 된다는 생각 속에서 운동의 방향을 중앙정부인 광화문으로 옮기게 된다.

즉 삼례에서의 교조신원운동은 시민사회를 이루기 위한 최초의 민의(民意)를 적극적으로 창출한 그 현장이며, 동시에 동학운동을 전국적으로 확산하며, 그 운동의 장을 광화문이라는 권력의 중심으로 이전시킨, 그러한 계기를 마련한 대집회로서 평가될 수 있을 것이다.

✥ 쉬어가는 곳 ✥

17
보은 장내리(帳內里)

보은 장내리 대집회

✢ 쉬어가는 곳 ✢

1

전라도 삼례에서의 대집회와 다음 해인 1893년 2월 9일 시작한 광화문의 복소(伏疏)가 관의 무성의로 아무런 효과를 거두지 못하게 되자, 동학 지도부는 따뜻한 봄철을 기다려 다시금 대대적인 집회시위를 계획하게 된다. 이가 곧 보은(報恩)에서 벌리게 되는 척양척왜(斥洋斥倭)의 창의운동인 것이다.

매해 3월 10일은 수운 선생이 순도한 기일(忌日)이다. 수운 선생 제례를 봉행하기 위하여 옥천 거포리(巨浦里)에 있는 김연국(金演局)의 집에 많은 동학의 지도자들이 모이게 된다. 제례를 마친 이후 모인 지도자들과 숙의를 한 끝에 해월 선생은 교조신원을 겸하여 척양척왜의 창의운동(倡義運動)을 대대적으로 열기로 단안을 내리게 된다.

이 때 각처의 동학도에게 보낸 〈통유문〉을 보면, 스승인 수운 선생의 신원문제와 함께 척양척왜의 보국안민이 강조되어 있음을 볼 수가 있다. 즉 각 포(包)의 동학도들에게, 한편으로는 도(道)를 지키고 스승의 가르침을 높여야 하며, 다른 한편으로는 보국안민의 계책을 세우기 위하여 기한을 맞추어 일제히 모일 것을 통고하고 있음을 볼 수 있다.

다시 말해서 지금까지 세번의 교조신원운동에서 보였던 운동의 양상을 바꾸어, 이번 보은집회에서는 보다 본격적으로 수운 선생에 대한 신원(伸寃)과 아울러 척왜(斥倭)·척양(斥洋)으로 그 방향을 바꾼 것이라 하겠다.

척왜척양의 창의운동으로 번진 보은 장내리 일대

그런가 하면, 3월 11일부터는 본격적으로 괘서(掛書)를 보은 삼문 밖에 붙여 관에 집회를 통고하는 한편, 척왜양의 창의로 당시 서양과 일본의 침략적 조짐을 걱정하고 있던 당시사회의 공론을 집중시키게 된다. 즉 당시 모든 민중이 공감할 수 있는 적양척왜와 보국안민을 운동의 전면에 내세우게 된 것이라고 하겠다. 즉 공주나 삼례·광화문 등지에서 벌렸던 교조신원을 통한 운동의 방향을, 보다 적극적으로 대외(對外)로 돌리고 있는 것이라고 말할 수 있을 것이다.

이러한 척양왜, 곧 반외세(反外勢)를 통한 보국안민은 수운 선생의 중요한 가르침의 정신을 이은 것이라고 하겠다. 특히 수운 선생은 멀지 않아 서양이 침공하게 될 것을 우려하여, 『동경대전』을 통하여 당시 침공을 받는 중국과 우리와의 관계를 순망치한(脣亡齒寒)의 관계라고 근심함을 보이고 있었고, 나아가 서학(西學)의 침윤이 궁극적으로는 당시의 시대적인 혼란요인이 되는 각자위심(各自爲心)의 또다른 요인으로 작용하고 있다고 말하고 있다. 그런가 하면, 수운 선생 당시에는 아직 일본이 구체적으로 정한론(征韓論)을 펴기도 전인데도, 수운 선생은 일본이 미구(未久)에 그 침략해 올 것을 경계하고 있었던 것이다.

이와 같은 수운 선생의 가르침을 그대로 이어받아, 해월 선생은 교조인 수운 선생의 억울한 죽음을 신원(伸冤)하고, 나아가 동학에 대한 부당한 탄압을 벗어나 보다 공식적으로 세상에 도(道)를 펴는 것이 곧 외세로부터 보국안민을 할 수 있는 길이며, 동학에서 추구하는 동귀일체(同歸一體)의 새로운 삶인 지상천국(地上天國)을 열어가는 길이라고 판단하였던 것이다. 그러므로 자연스럽게 교조신원운동은 반외세(反外勢)의 척양척왜(斥洋斥倭)로 전이되게 되고, 이는 곧 동학혁명으로 이어지는 중요한 계기를 마련하게 된 것이라고 하겠다. 따라서 해월 선생이 이 곳 보은 장내리에서 펼치게 되는 척양척왜의 기치(旗幟)는 곧 새로운 세상을 열어가고자 하는 동학적인 중요한 신앙운동의 또다른 하나였다고 말할 수 있을 것이다.

2

보은(報恩) 장내리의 위치는 보은읍에서 동남쪽으로 약 20리 가량 떨어진 곳이다. 행정구역상 보은군 외속리면(外俗離面) 장내리이다. 이곳 장내리 일대로는 속리산 국립공원과 구병산(九屛山) 줄기가 병풍처럼 둘러 있고, 길게 평야가 남북으로 펼쳐져 있다.

보은집회 당시에는 이 장내리 일대에 500호 정도의 민가가 있었다고 하는데, 동학혁명 당시 관군이 불태워 모두 없어지고, 그 후에 지금의 마을이 그보다는 앞쪽에 형성되어 오늘에 이르고 있다. 또한 버스가 다니는 큰길로 장내리에서 북동쪽으로 향하면 왼편으로 면사무소와 100호 정도의 마을이 자리하고 있다.

보은 장내리에 동학본부를 두게 된 것은 이 곳이 지리상으로 삼남에서 올라오는 길목이 되고, 그러므로 경상도·충청도·전라도 등지와 또 경기도 등과 쉽게 이어질 수 있다는 여건 때문이라고 생각된다. 그런가 하면, 이 곳 보은 역시 당시 동학의 교세가 무척 컸던 요인도 무시할 일이 아닌가 싶다.

양호도어사 어윤중의 활동과
동학의 대표자들이 나눈 대담을 적은 취어(聚語)

해월 선생의 〈통문〉을 받은 각처의 접주들은 동학도들을 동원하여 모여들기 시작하였다. 3월 11일, 해월 선생이 보은 장내리에 도착했을 때에는 이미 그 수가 수만 명에 달하였다. 많은 인원이 짧은 시일 내에 이렇듯 모이게 된 것은 다름 아니라, 2월 15일 광화문 복소(伏疏)를 마치고 해산했던 동학도 일부가 미처 집으로 내려가지 않은 채 이 곳 장내리 도소(都所)로 자연스럽게 모여들어서 그렇게 된 것이 아니었을까, 추정된다.

동학도들이 모여들자 보은군수 이중익(李重益)은 3월 12일, 〈괘서〉의 사본과 동학도들의 움직임을 충청감영에 보고 하게 된다. 감사에게 보고했는데도 아무런 조치를 취하지 않고 있고, 더군다나 계속해서 동학도들이 무리를 지어 모여들자, 사태가 심각함을 깨닫게 된 보은군수는 15일에 이르러 관리들을 현지에 보내 탐지토록 한다. 이 때 동학도들을 만나본 관리들은 이들이 결코 적도(賊徒)가 아니라, 매우 부드럽고

17. 보은 장내리 ── • 211

또 이성적인 사람들임을 알고 자못 놀랐다고 한다.

한편 3월 16일에 이르러 동학지도부는 동학도들의 모임을 독촉하는 〈통유문〉을 또한 발송하게 된다. 이번 〈통유문〉에서는 교조신원에 관한 것은 거론하지 않은 채, 오직 척왜양 창의만을 내세우고 있음을 볼 수가 있다.

연일 모여드는 동학도들로 장내리는 북적거렸다. 이에 놀란 충청감사는 이전과는 달리 이들 상황을 조정에 보고하고, 조정 또한 해산을 명한다. 그러나 조정의 해산령에는 아랑곳하지 않았다. 동학도들은 더욱더 모여들게 되고, 이에 놀란 조정은 마침내 호조참판인 어윤중(魚允中)을 양호도어사에 임명하여 내려보내 그들의 해산을 촉구토록 한다.

동학도들은 조금도 동요하지 않았다. 오히려 '척왜양 창의'라는 대기(大旗)를 오방(五方)에 각각 꽂아세우고, 또 각 포(包)의 이름을 적은 깃발까지 세워 그 위세를 더해 가고 있었다. 그리고 뒷산에는 망기(望旗)를 세워, 40~50명씩 망을 보게 하여 준비를 더욱 단단히 하고 있었다.

3월 20일까지 모여든 동학도들은 2·3만 명에 이르렀다고 한다. 황현(黃玹)의 『오하기문(梧下記聞)』에 의하면 8만 명에 이르렀다고 되어 있고, 선무사의 〈장계〉에는 수만 명이라고 되어 있다. 또한 일본 외교문서에는 2만 3천으로 되어 있고, 북양대신에 보낸 전보와 『속음청사(續陰晴史)』에는 2만 7천으로 되어 있다. 이와 같은 사실로 보아 족히 2만은 넘었던 것으로 생각된다.

이렇듯 많은 수의 동학도들이 조그만 장내리 안에 모여들어 북적거리고 있으니, 조정은 더욱 초조해지지 않을 수 없었다. 그러한 나머지

3월 25일 대책회의를 열고는 청국(淸國)으로부터 병사를 빌려올 계획을 세우게 되나, 조정대신들이 격렬하게 반대하고, 이어 그 계획은 중단되지 않을 수 없게 된다. 그러나 걱정이 된 당시의 고종(高宗)은, 뒤로 호조참판 박제순(朴齊純)을 중국에 보내 군사를 빌려올 것을 협의하게 한다. 그러나 중국으로부터 거절을 당하고 만다.

한편 양호도어사로 임명된 어윤중은 자신이 보은에 도착하기 전에 문건을 보내어 면대(面對)할 동학의 대표자를 선발하도록 한다. 이에 동학지도부는 대표자 7인을 선발하고, 또 제출할 문건도 준비하여 둔다.

3월 25일 장내리에 도착한 어윤중은 다음날로 동학 대표자들을 면담을 하였다. 그 면담내용과 어윤중 자신이 느끼고 판단한 내용의 글을 조정에 올렸다. 27일의 일이었다.

이렇듯 조정에서 파견된 선무사에 의하여 이 곳 장내리의 상황이 조정에 보고되고, 이에 따라 임금은 동학도들에게 해산하라는 〈윤음〉을 내리게 된다. 그러나 〈윤문〉의 내용이 동학도들의 마음을 헤아린 것이 아니라, 동학을 난(亂)으로 규정하고, 해산만을 명한 것이었다.

조정으로부터 군대를 보내어 처벌하겠다는 위협 속에서 장장 20일간을 버티던 동학도들은 식량마저 떨어져 나날을 버티기가 어려워져 갔다. 그런가 하면, 대부분이 농사가 직업인 동학도들에 있어 이제 밭 갈고 씨를 뿌려야 하는 농사철도 다가오고 있었다. 이들 대부분의 마음은 고향으로 가 있다고 하여도 과히 틀린 말은 아니었다.

실제적으로 3월 20일부터는 동학도들이 서서히 퇴거하기 시작하였다. 결국 해월 선생의 명에 의하여 4월 2일부터 전 동학도들은 장내리를 떠나게 된다. 같은 날 저녁 해산을 확인한 해월 선생도 상주(尙州)에 있는 본댁으로 돌아왔다. 이에 어윤중은 해산하는 동학도들을 확인하고는 4월 3일 조정에 〈장계〉를 올린다.

3

보은 장내리에서 벌였던 교조신원운동은 그에 앞서 공주·삼례·광화문 등지에서 벌렸던 신원운동과는 여러 가지 면에서 다른 양상을 지니고 있다. 앞에서 이야기한 바와 같이 그 운동의 폭을 보다 척왜양이라는 대외적인 면으로 넓히고 있음이 가장 두드러진 모습이 된다. 앞서 벌인 삼례나 광화문에서의 신원운동도 외세에 대한 비판과 경고가 없는 것은 아니지만, 보은에서의 운동은 보다 구체적이고 그 비중이 척왜양이 강하게 담겨져 있는 창의운동이라고 말할 수 있을 것이다.

이와 같은 척양척왜의 창의운동은 본래 수운 선생이 그 중요한 가르침으로 세상에 펼쳤던 '보국안민(輔國安民)'의 정신을 구체화한 운동이며, 동시에 당시 외세로부터 심각한 압박을 받고 있던 조선조 사회를 대변하는 운동이라고 말할 수 있을 것이다. 따라서 동학의 교조신원이라는 대내적인 문제에서, 보다 구체적으로 외세의 침략이라는 대외적인 면으로 문제를 이끌어간 중요한 의미를 이는 지닌다고 하겠다. 그러므로 이러한 동학의 창의운동은 당시의 민중들로부터 지대한 지지를 받을 수 있는 근거를 마련하게 된 것이고, 조선조 사회의 공론(公論)을 집중시킬 수 있는 최초의 민회(民會)의 장이 될 수 있었던 것이다.

이러한 점은 당시 선무사로 보은취회에 직접 나와 면담을 했던 어윤중의 〈장계〉에서도 찾아볼 수가 있다. 즉 어윤중은 그의 〈장계〉에서 동학 지도자들과 면담한 내용을 바탕으로 "동학도들이 작은 병기마저도 휴대하지 않았을 뿐만 아니라, 그 군율이 질서정연하고 또 그들의 주장과 같이 백성들의 의견을 집결시킨 일종의 민회(民會)성격을 띠고 있다"고 말하고 있다. 특히 어윤중은 〈장계〉에서 "다른 나라에서는 민회가 있어 나라의 정책과 정령(政令)이 국민생활에 불편함을 주게 되면 이내 회의를 열어 토의 결정하는 것이 최근의 사례"라는 동학 지도부의 의견을 밝히므로, 이들 동학도들의 모임이 '민회'의 성격을 띠고 있음을 나타내고 있고, 나아가 "오랑캐들이 서울 장안에 뒤섞여 우리의 이권을 축내고 있기 때문에" 창의(倡義)하게 된 것이라는 동학 지도부의 의견을 밝히므로, 이들 동학도들의 집회가 창의성격을 띠고 있음을 인정하고 있음도 볼 수가 있다.

또한 보은 장내리에 모인 수만 명에 해당되는 동학도들이 매우 질서정연하게 움직였다는 점이 특기할 일이라 하겠다. 동학도들은 일정한 대오를 정하여 막하(幕下)에 있게 하되, 나가고 들어올 때 심고(心告)를 드리고 행하며, 모여서 동학의 주문(呪文)을 읽을 때에도 모두 한소리로 목청을 맞추어 읽고, 마치 수만 명이 행동하면서도 한 사람이 행동하는 것과 같이 질서와 규율이 딱 잡혔다고 한다. 특히 많은 사람들이 모여 있는 것이기 때문에 청결을 매우 중요시하여, 대변이나 침 등의 배설물은 원칙적으로 땅에 묻는 것으로 하고, 의관을 늘 정제하여 행동을 엄숙히 하며, 장사하는 사람들의 물건을 살 때에도 정확하게 계산을 하여, 상인들로부터 조금의 원성도 사지 않았다고 한다. 그러므로 인근의 엿

장사나 떡장사를 하는 사람들로부터 칭송을 듣게 되고, 이러한 소문이 원근에까지 퍼져 어린 아동들 사이에는 "서울 장안이 장안이냐, 보은 장내가 장안이지"라는 동요까지 생겨 불렸다고 한다.

이와 같이 보은 장내리에서 펼쳐졌던 동학도들의 취회(聚會)는 그 내용적인 면에서나 형식적인 면에서나 모두 가장 이상적이고, 또 성공적인 민회였다고 말할 수가 있을 것이다. 내용적으로는 당시 조선조 사회의 민의를 집결시켰고, 형식적인 면에서는 그 민의가 매우 평화적으로 논의되고 토론될 수 있는 여건을 스스로 형성했다고 말할 수 있다. 따라서 이와 같은 모습은 다름 아니라 교조인 수운 선생의 가르침이 구체화된 모습이며, 동시에 새로운 삶의 질서를 이룩해 나가겠다는 동학 이념의 표현이라고 하겠다. 또한 훗날 일어나게 되는 '동학혁명'의 실질적인 근간이 되는 것이기도 하다.

18

고부(古阜)

동학혁명 전투장면

✣ 쉬어가는 곳 ✣

1

1892년 10월. 공주에서부터 시작된 교조신원운동은 삼례-광화문 복합상소(伏合上疏)로 이어지고, 다시 보은(報恩)취회로 이어져 척양척왜의 창의(倡義)운동을 이끌어낸다.

동학도들은 먼저 충청도·전라도 감사를 향하여 교조신원의 뜻을 전하고는 이어서 중앙정부인 조정에까지 그 뜻을 전한다. 그러나 무성의한 답변과 대응으로 동학지도부는 다시 보은에 모이게 되고, 보다 강하고, 또다시 조선조 사회의 공론을 끌어낼 수 있는 창의운동(倡義運動)으로 그 방향을 확대시켜 가지 않을 수 없었다.

그러나 취회는 정부의 회유와 위협 속에 큰 성과가 없이 끝나게 되고, 정부는 오히려 약속과는 달리 동학의 주요 지도급 인사들의 체포령을 내리게 된다. 당시 주요 지도급 인사의 한 사람이 잡히게 되고, 이들의 입을 통하여 발문을 짓고 또 방을 붙인 사람들의 이름이 밝혀지게 되고, 그러므로 이들을 잡아들이라는 명이 지방관청으로 하달된 것이다.

보은에서의 취회를 해산한 이후 해월 선생은 관의 체포령을 피하여 경상도 칠곡(柒谷)·인동(仁洞) 등지로 자리를 옮겨 숨는다. 1893년 7월. 해월 선생이 금산(金山)에 있는

전봉준 장군

18. 고부 —— • 219

동학군이 일어났던 백산성지(白山城址)와 창의비(倡義碑)

편겸언(片兼言)의 집에 머물고 있을 때에, 동학의 지도급 인사들, 특히 서장옥·서병학 등 신진인사들이 보다 강한 신원운동을 다시금 펼 것을 건의를 하게 된다. 그러나 해월 선생은 40일간의 운동에도 성과를 이루지 못했고 많은 동학도들이 이로 인하여 생업 등 여러 면에서 피해를 입었음을 들어 단호히 거절한다. 충청도 청산(靑山) 문암리(文巖里)로 피신해 간 것은 그 뒷일이다.

이 때 해월 선생의 가르침은, 무엇보다도 먼저 동학이 민(民)의 생활에 그 뿌리를 깊이 내려야 함을 강조하고, 보다 올바른 운동이 되기 위해서는 내적인 신앙의 뿌리가 굳건해야 한다는 주장을 지니고, 시기를 기다리라는 뜻이었다고 하겠다. 즉 밖으로 드러나는 운동도 중요하지만, 그보다 앞서서 내면의 종교적인 수행을 통한 자기 단련이 우선한다는 것이 바로 해월 선생의 생각이었다.

이와 같은 생각과 함께 해월 선생은 같은 해 10월경 동학의 교단 조직을 보다 강화하기 위해 대대적인 개편을 하게 된다. 즉 동학의 최고 지도자인 해월 선생이 있는 곳을 '법소(法所)' 또는 '법헌(法軒)'이라고 칭하고, 이 법소를 중심으로 각 지역 동학의 근거지에 포소(包所)를 두어 일사불란하게 지시·명령이나 가르침이 전달되고, 또 이를 통해 전 동학도를 장악하고자 취한 조직의 개편이라고 하겠다.

이를 종합한다면, 해월 선생은 보은취회 이후 섣부르게 동학도를 동원하여 취회를 여는 일보다는, 내적으로 종교적인 내실을 기하고 외적으로는 조직의 개편을 통하여 교단조직을 강화함으로써 다음 날을 대비하고 있었다고 하겠다.

그러나 시간이 지날수록 관의 탄압과 횡포는 날로 심해져 갔다. 관의 횡포가 날로 심해지자 1873년 말에 이르러 전라도 고부(古阜)와 경기도 이천(利川) 등지에서 이에 항의하는 동학도들의 집회가 열리게 되었다. 전라도 고부에서는 군수 조병갑(趙秉甲)의 수탈행위에 항거하는 집회가 전봉준(全琫準)을 필두로 하여 열렸고, 이천에서는 이상옥이 동학도 수천을 동원하여 재산을 약탈하는 행위를 규탄하며 항의집회를 열었다.

1894년 1월, 전라도 고부에서는 동학도들이 관아를 습격하는 민란을 일으킨다. 지난해 11월부터 고부 농민들이 군수인 조병갑에게 수세를 빙자한 약탈을 두 차례나 항의했음에도, 오히려 농민들을 가두고 수탈을 그치지 않고 계속하였기 때문이었다.

김개남 장군이 비결을 꺼냈다는 선운사 도솔암 마애불상

농민혁명 발상 기념비

관아를 습격한 동학도들은 빼앗은 양곡을 거둬 농민들에게 되돌려 나눠주고, 이어서 이 때 새로 부임한 군수인 박명원과 타협을 통해 보복하지 않겠다는 다짐을 받아내고는 2월 하순경에 자진 해산을 하게 된다.

그럼에도 중앙정부쪽에서는 다시금 안핵사를 파견하여 동학도들의 집을 불사르고 재산을 약탈하고 살해하는 등 보복과 행패를 자행하였다. 이와 같은 정부의 처사에 대응하기 위하여 3월 초순 김덕명·김개남·손화중 등의 대접주와 전봉준·정익서·김도삼·최경선 등 접주들이 드디어 기포하기로 의견을 모았던 것이다.

3월 21일과 고부 백산(白山)이라는 날짜와 장소가 정해지자, 이에 호응한 각처의 접주들은 동학도를 인솔하여 백산으로 모이게 된다. 모인 접주들은 전봉준을 동학대장으로 추대하고 동학군의 조직을 마친 이후, 〈4대 강령〉과 〈11개 군율〉을 제정하고, 이어서 〈격문〉도 마련하여 발표하기에 이른다. 이 때 제정한 〈4대 강령〉은

첫째, 사람을 상하지 말며 재물을 손상시키지 않는다.
둘째, 충효를 다하여 제세안민(濟世安民)케 한다.
셋째, 왜와 오랑캐를 몰아내어 이 나라의 국기와 사회정의를 확립한다.
넷째, 서울로 군대를 진격시켜 권귀(權貴)를 진멸시킨다.

등이다.

이러한 〈4대 강령〉은 사회의 안녕과 질서를 지키는 것을 그 첫째로 삼고 있음을 볼 수가 있다. 그런가 하면, 반외세(反外勢)와 부당한 권력에 항거하고자 하는 모습이 강하게 담겨져 있음을 볼 수가 있다.

또한 백산에서 발표되었다는 〈격문〉의 내용은 보다 강하게 도탄중의

창생을 구하고 국가를 반석 위에 올려두어야 한다는 의지와 민생에게 굴욕을 강요하는 관리와 양반에 항거할 것을 촉구하고 있음을 볼 수가 있다. 즉 지금까지 보은 등지에서 표방했던 척양왜의 기치와 보국안민의 방향에서 부패한 관리와 양반 부호들과의 항쟁이라는 면으로 보다 확대되고 있음을 볼 수가 있다. 특히 지금까지의 집회는 매우 평화적이고 또 대화를 통한 시위였으나, 이 때에 제정한 강령과 고부 백산에서 발표된 〈격문〉은 "서울로 진격하여 권귀(權貴)를 진멸시키자"라는 매우 전투적인 것이었다. 안으로는 봉건체제에 대한 항거요, 밖으로는 외세에 대한 항거라는 대투쟁적인 기치였다고 하겠다.

2

고부 등지에서 동학도들이 관아를 습격하던 1874년 1월경, 해월 선생은 문암리(文巖里)에서 각 지역으로부터 올라온 접주들과 동학도들을 중심으로 강석(講席)을 마련하고는 강도회를 베풀고 있었다. 그간 교조신원운동 등으로 해이해진 동학도들의 신앙심 고취와 올바른 신앙의 방향을 잡아주기 위한 강도회인 것이다.

이렇듯 강도회를 펴고 있을 즈음, 해월 선생은 전봉준이 고부에서 봉기하였다는 소식을 전해 듣게 된다. 이 소식을 전한 사람은 부안(扶安)의 김낙봉(金洛鳳)이란 사람이었다. 그는 가형(家兄)인 김낙철(金洛喆)이 써준 서신을 지니고 급히 해월 선생에게 달려가 이 소식을 전하게

동학도들이 점령했던 고부(古阜)

전봉준 장군의 고택

18. 고부 ── 225

된다. 소식에 접한 해월 선생은 "이 역시 시운(時運)이니 금(禁)하기 어렵다"고 답했다 한다. 그리고는 이내 전봉준에게 보내는 글을 써보냈는데, 이 내용은 "인륜(人倫)에 따라 봉기한 것은 이해가 가나, 수운 선생이 평소에 가르친 바와 같이 아직 현묘한 기틀이 드러나지 않았으니 마음을 급하게 먹지 말라"는 그러한 내용이다. 즉 봉기가 아직 이르다는 견해의 피력이라고 받아들일 수가 있는 말이다.

이와 같은 해월 선생의 말로 미루어보아, 본시 해월 선생이 새로운 삶의 질서와 새로운 사회건설을 위한 일단의 계획을 포기하거나 없었던 것이 아니라, 오직 갑오년(甲午年: 1894) 민중봉기를 일으킨 전봉준과는 그 시점이 달랐다는 것을 알 수가 있다. 즉 해월 선생은 그간의 많은 경험을 통하여 보다 견실한 준비와 내실을 기한 연후에 새로운 사회건설을 위하여 나아갈 것을 기약한 듯하다.

따라서 이즈음 동학도들에게 보낸 것으로 알려진 〈통문(通文)〉에서와 같이 "뿌리가 굳건한 이후에 능히 그 가지가 무성해질 수 있고, 샘의 근원이 깊은 이후에 능히 바다에 이를 수 있으니, 사람의 마음이나 뜻도 이와 같은 것"이라는, 당시의 교도들에게 내린 가르침은 바로 이와 같은 면을 시사하는 것이라고 하겠다. 다시 말해서 내일의 올바른 삶과 새로운 세상을 열어가기 위해서는 우선 굳건히 내실을 알차게 하는 수련에 정진할 것을 해월 선생은 권하고 있다고 하겠다.

그러나 다시금 무장(茂長)접주인 손화중을 설득하여 전봉준이 3월 20일 기포를 하자, 충청도와 경상도에서도 동학군들이 잇달아 봉기하기에 이른다. 따라서 전봉준의 처음 봉기소식을 접하고는 때이른 거사라고 힐책을 하던 해월 선생도 이들 무장(茂長)에서의 봉기와 삼남(三南)

일대의 전면적인 봉기, 그리고 관병의 탄압으로 인하여 동학도들이 타살당했다는 소식을 접하고는 이에 대응하기 위하여 전체적인 봉기를 명하게 된다. 즉 해월선생은 봉기에의 명과 함께 동원령을 선포하여 동학도들을 결집시키기에 이른다.

고부에서의 봉기는 이와 같이 전봉준의 매우 독단적인 거사라고 말할 수 있을 것이다. 따라서 해월선생의 입장에서는 매우 당혹스럽고, 또 든든한 내실을 기한 연후에 어떠한 일을 계획하고 있던 터이라, 낭패스러움도 없지 않아 있었을 것으로 추정된다. 앞에서 거론한 바와 같이 해월선생은 "현묘한 기틀이 아직 드러나지 않았으니 성급하게 마음을 갖지 말고 훗날 공을 이루어 좋은 신선의 인연을 이루도록 하라〔玄機不露 勿爲心急 功成他日 好作仙緣〕"는 수운선생의 가르침에 따라 수련과 강론 등으로 내실을 기하고 있었던 것이다.

그러나 각처에서 동학도들이 타살당하는 비보를 접하게 되고는, 이

동학군 집결지 백산(白山)

역시 시운(時運)이라는 판단 아래 해월 선생은 마침내 기포(起包)를 명하게 된 것이다.

이와 같은 면에서 본다면, 고부에서의 봉기는 비록 해월 선생의 뜻과는 처음부터 같지는 않아 그 시기가 일치하지는 않았어도, 그간 교조신원운동을 통하여 성숙된 동학도들의 의식과 공고해진 동학교단의 조직, 또 힘의 배양, 나아가 새로운 삶의 질서를 추구하는 동학적인 세계관의 결집에 의하여 일어난 거사였다고 말할 수 있을 것이다. 즉 고부는 바로 공주·삼례·광화문·보은 취회 등에서 성숙된, 동학이 지니고 있는 보국안민(輔國安民)과 척왜양(斥倭洋)이라는 정치사회적인 요구가 집결된, 그 현장이라고 말할 수 있을 것이다.

3

민의(民意)를 집결시키는 힘은 다름 아니라 성숙된 의식이나 이념이라고 하겠다. 아무리 민의가 원하는 바가 있어도, 이가 어떠한 '힘'으로 결집시킬 수 있는 이념이 작용하지 않는다면, '단순한 불만'에 불과한 것이 되고 만다.

고부에서의 봉기를 주도한 전봉준은 그 마을에서 훈장(訓長)을 하던 사람으로 마을 사람들로부터 존경을 받던 사람이었을 뿐만 아니라, 그간 동학의 교조신원운동이었던 삼례·광화문·보은 취회 등에 적극적으로 가담함으로써, 이미 동학이 추구하는 보국안민과 척왜양의 이념에 매우

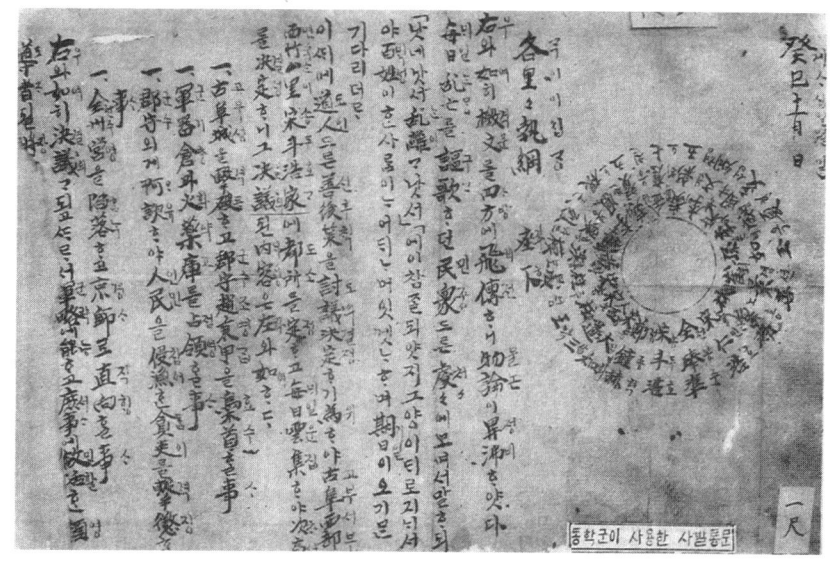

사발통문

깊이 심취되어 있던 사람이었다. 따라서 전봉준은 이러한 운동참여로 성숙된 의식과 함께, 당시 탐관오리(貪官汚吏)의 학정(虐政)에 위협받고, 또 그에 따라 불만을 참고 있던 백성들의 존경심으로 그들을 결집시키는 핵심역할을 할 수 있는 인물이 될 수가 있었던 것이다.

비록 이러한 민중적 봉기를 결행하는 그 시점에 있어서, 해월 선생과 서로 일치하고 있지는 않았어도, 결국은 동학적 이념인 보국안민과 척왜양의 대사회적인 확충과 이를 통해 봉건의 구질서를 무너뜨리고, 새로운 삶의 질서를 이룩하고자 하는 동학적인 이념에 있어서는 서로 동일하였다고 할 수 있을 것이다.

따라서 해월 선생은 비록 전봉준 등의 봉기가 결코 결정적인 시기의

18. 고부 —— 229

선택이 아니었음을 힐책하면서도. 이는 어쩔 수 없는 시운(時運)이었음을 인정하고 적극 참여하여 기포(起包)를 명하게 된 것이다. 즉 고부에서의 봉기는 해월 선생이 생각하고 있는 〈공성타일(功成他日)〉의 그 외면과 내실이 모두 이룩된 거사는 아니었지만, 보다 대국적인 면에서 동학의 지도이념을 벗어나지 않는 일이라고 해월 선생은 판단했던 것이다.

이와 같은 면에서 본다면. 동학혁명의 발단이 되었던 전라도 고부는 다름 아니라, 수련 등의 보다 확고한 종교적인 훈련을 통하여 동학이라는 교단을 내외적으로 견실히 하여. '호작선연(好作仙緣)'의 새로운 삶의 지평을 열어가고자 기도(企圖)하던 해월 선생의 이념과 시대적인 불만을 동학의 이념으로 집결시켜 이내 봉기를 일으킨 전봉준의 의지가 교차된. 그 현장이라고 할 수 있을 것이다.

오늘 다만 100여 년의 시간이 흘러. 그 때 후천(後天)의 새로운 세상. 새로운 삶을 열어가고자 했던 그 함성은 역사의 뒤로 묻혀가는데. 아직 열리지 않는 후천의 세상과 함께 "공을 이룬 다른 날에 맞이하는 신선의 좋은 인연과 같은 세상"을 맞이하기 위하여 "마음을 급하게 갖지 말고[勿爲心急]", 주어진 삶 속에서 올바른 마음공부에 정진하라는 수운 선생의 가르침이 이 고부(古阜)의 넓고 넓은 겨울 뜰에서. 더욱 절실하게 들려오는 듯할 뿐이다. 후천의 새로운 세상은 아직 열리지 않고 있는데 ….

동학의 발자취

18. 고부

✦ 쉬어가는 곳 ✦

동학의 발자취

시 일	내 용
1824.10.28	동학의 교조 수운 최제우 선생이 경북 경주군 현곡면 가정리 315에서 근암공 최옥과 곡산한씨 부인 사이에서 태어나다.
1844	수운 선생이 나이 스물하나가 되어, 세상을 근심하며, 세상을 구할 도를 구하고자 주유팔로(周遊八路)의 길에 나서다.
1855. 3	울산 여시바윗골에서 수운 선생이 어느 이인(異人)으로부터 천서(天書)를 받는다는 신비체험을 하다.
1856	천성산(千聖山) 내원암(內院庵)에서 수운 선생은 천서의 내용에 따라 수련에 임하다.
1857	수운 선생은 천성산 적멸굴(寂滅窟)이라는 자연동굴에서 수련을 계속하다.
1859. 10	수운 선생은 고향인 경주 용담(龍潭)으로 돌아와 이름을 '제선(濟宣)'에서 '제우(濟愚)'로 고치고, '불출산외(不出山外)'를 맹세한 후 수련에 정진하다.
1860. 4.5	수운 선생이 결정적인 종교체험을 통하여 '동학'을 이 세상에 창도(唱道)하다.
1861. 6	수운 선생은 용담으로 찾아오는 사람들에게 본격적으로 포덕(布德)을 시작하다.
11	수운 선생은 관의 지목을 피하여 용담을 떠나 남원 은적암(隱跡庵)에 들어가 은거하게 되다.
1862. 9	동학의 입도자가 많아지자, 경주감영에서 수운 선생을 체포하여 가두다. 당시 동학도 6·7백 인이 항의하여 10여 일 만에 풀려나오다.
12	동학의 조직을 보다 공고히 하기 위하여 흥해(興海) 매곡동(梅谷洞) 손봉조(孫鳳祚)의 집에서 최초로 접주제를 실시하다.

18. 고부 ── · 233

시 일	내 용
1863. 8.14 (음)	수운 선생은 앞으로의 일을 생각하고 수제자 최시형(崔時亨 : 당시는 이름이 崔慶翔이었음)에게 도통(道統)을 전수하다.
12.10 (음)	조정에서 파견한 선전관 정운구(鄭雲龜) 등에게 수운 선생이 제자들과 함께 용담에서 체포되다. 서울로 압송되던 중, 철종의 승하로 과천에서 회송되어 대구감영에 구금이 되다.
1864. 3.10 (음)	조정의 명에 의하여 대구 관덕당(觀德堂)에서 수운 선생이 참형을 당하다. 이후 동학은 본격적인 관으로부터 지목의 대상이 됨.
1864	수운 선생으로부터 도통을 전수받아 동학의 2세 교조가 된 해월 선생은 관 추적을 피해 경북 영양 일월산(日月山) 용화동(龍化洞) 상죽현(上竹峴)으로 숨어들어가 살게 되다.
1865. 7(음)	수운 선생의 유족들이 용화동으로 피신해 와서 해월 선생과 같이 지내게 되다.
1866. 3	용화동 상죽현 해월 선생을 중심으로 동학도들이 모이기 시작하다.
1866~1871	해월 선생의 주선으로 수운 선생의 탄신제사와 득도일의 제사를 봉행하며, 흩어진 동학도들이 자연히 제사 등에 참여하므로 동학의 교단이 새로이 형성되기 시작하다.
1871. 3.10	이필제(李弼濟)의 주동에 의하여, 교조신원(敎祖伸寃)을 명분으로 경상도 일대 19개 고을 동학도 500여 명을 동원하여 민란(民亂)을 일으키게 되다.
3.15	영해(寧海)민란이 실패하고, 해월 선생 등 동학의 지도자들이 단양(丹陽)으로 피신하다.
8	이필제가 문경(聞慶)에서 작변을 다시 일으키게 되고, 해월 선생 등 동학의 지도자들은 다시 관의 지목을 받게 되다. 이후 해월 선생 등 동학의 지도부는 태백산 속으로 숨어들어 피신 생활을 하게 되다.
1871. 9.13	해월 선생과 강수(姜洙) 등이 영월(寧越) 직동(稷洞)의 박용걸(朴龍傑)의 집으로 가 피신하다.

시 일	내 용
1872. 1	수운 선생의 장남 세정(世貞)이가 양양(襄陽)에서 체포되다.
1.28	수운 선생의 유족들이 영월 소밀원(小密院)에서 직동의 박용걸의 집으로 옮겨오다. 이후 해월 선생은 관의 지목을 피해 정선(旌善) 등지로 숨어살게 되다.
5.12	수운 선생의 장남 세정이가 양양에서 장사(杖死)당하다.
10.16	해월 선생 등 동학의 지도자들이 갈래산(葛來山) 적조암(寂照庵)에 들어가 49일 수련을 하다.
1873.12.10	수운 선생의 부인인 박씨부인이 사망함.
1874. 3	해월 선생이 단양 남면 사동(寺洞)에 정착하다.
4	해월 선생 등 동학 지도부는 사동에서 49일의 특별수련을 갖다.
1875. 1	수운 선생의 차남 세청(世淸)이 병으로 죽다. 이로써 수운 선생의 유족이 모두 죽고, 또 딸들이 모두 출가하게 되자, 기일(忌日)과 탄신(誕辰)제사를 해월 선생이 맡아 지내게 되다.
8	해월 선생의 집에서 치제(致祭)를 하다. 이후 해월 선생이 강화(降話)를 받아 새로운 제사법을 창설하다. 즉 황육(黃肉)을 제사에 쓰지 않게 되다.
10.18	단양 남면, 해월 선생의 집에서 설법제(說法祭)를 창설하다. 이 치제 이후 해월 선생은 용시용활(用時用活)의 설법을 하게 되고, 이 설법의 실천을 명세하는 뜻에서 자신을 비롯해서 지도급 인사들의 이름을 개명(改名)해 주다. 즉 최경상(崔慶翔)을 최시형(崔時亨)으로, 강수(姜洙)를 강시원(姜時元)으로, 유인상(劉寅常)을 유시헌(劉時憲)으로 개명하다. 이 때 역시 지도체제를 정비하게 되다. 즉 도주인(道主人)에 최시형, 차도주(次道主)에 강시원, 도접주(道接主)에 유시헌 등을 명하게 되다.

이후 해월 선생이 주도가 되어 설법제(說法祭)・구성제(九星祭)・인등제(引燈祭) 등을 지내므로, 흩어진 동학도들을 다시 모으고, 동학교단을 공고히 해나가게 되다.

시 일	내 용
1878. 7.25	정선의 유시헌의 집에서 수운 선생 이후 끊이었던 개접(開接)을 다시 열고, 해월 선생이 동학의 개접이 일반적인 개접과는 다름을 강조하게 되다. 이후 해월 선생을 중심으로 각 지역을 순회하며 치제(致祭) 등을 봉행하므로 각 지역으로 흩어진 동학도들을 모으고, 교단의 조직을 확대시키게 되다.
1879.11.1	수운 선생의 문집(文集)과 도적(道跡)을 편찬하는 수단소(收單所)를 정선 방시학(房時學)의 집에 설치하다.
11.10	『도원기서(道源記書)』를 편찬 완료하다. 그러나 견인날봉(堅印捺封)하여 유시헌에게 맡기다.
1880. 5.9	『동경대전(東經大全)』 간행을 위하여 각판소(刻板所)를 인제(麟蹄) 갑둔리(甲遁里) 김현수(金顯洙)의 집에 마련하다.
6.14	『동경대전』 100여 권을 인쇄하여 출간하다.
1881. 6	단양 샘골 여규덕(呂圭德)의 집에 각판소를 마련하고 『용담유사(龍潭遺詞)』를 간행하다.
이후 동학의 지도부는 49일의 수련 등을 정례화하게 되고, 각처의 동학도들이 다시금 많이 찾아오게 되다. 따라서 동학교단이 다시금 활기를 띠게 되고, 특히 충청도 출신의 신진교도들이 대거 해월 선생을 찾아오게 되다.	
1884. 6	해월 선생이 중심이 되어, 익산(益山) 미륵산 사자암(獅子庵)에서 4개월 동안 수련 및 비밀 포덕활동을 전개하다. 이 때부터 호남지역의 포덕이 본격화되기 시작하였다고 할 수 있음.
10	해월 선생이 공주 가섭사로 피신하여 수련에 임함. 이후 강서(降書)를 받아 육임제(六任制)를 제정하다.
1885. 6	충청관찰사 심상훈(沈相薰)과 단양군수 최희진(崔喜鎭) 등이 동학에 대한 탄압을 대대적으로 펼치다. 이후로 해월 선생은 단양에서 보은(報恩) 장내리(帳內里)로 피신하게 되고, 이로부터 보은 장내리는 교단의 본부역할을 하게 되다.

시 일	내 용
	이후 해월 선생을 중심으로 동학교단은 충청·전라 지방을 대상으로 폭넓게 포덕활동을 펴게 되다. 이 기간을 통해 동학의 신진세력인 서인주(徐仁周)·손천민(孫天民)·손병희(孫秉熙) 등이 적극적으로 활동을 하다.
1892. 7	서인주·서병학 등이 상주(尙州) 왕실(旺實)로 해월 선생을 찾아와 교조신원운동을 전개할 것을 건의하다. 이 때 해월 선생은 시기가 아직 이르다고 거절하게 되다.
10.17	해월 선생이 북도주인(北道主人) 이름으로 입의통문(立義通文)을 각 지역에 하달하여 교조신원운동의 대의에 참여할 것을 촉구하다. 따라서 공주취회(公州聚會)가 열리게 되다.
10.27	전라감사에게 의송단자(議送單子)를 제출하기 위하여 전라도 삼례도회소 이름으로 경통(敬通)을 하달하다.
11.1	동학도 1천 명 이상이 전라도 삼례에 집결하다.
11.29	복합상소(伏合上疏) 계획을 세우게 되다.
12	복합상소를 위한 도소(都所)를 보은 장내리에 설치하다. 또한 교조신원을 요청하는 상소문을 조정에 올리다.
1893. 1	복합상소를 위한 봉소도소(奉疏都所)를 청주 송산(松山) 손천민(孫天民)의 집에 설치하다.
2	각 처의 접주들에게 통문을 돌려 서울로 올라가 복합할 것을 지시하다.
2.7	외국인 배격 격문을 각국 공사관에 발송하다.
2.8	복합상소 지도부는 과거를 보러오는 선비로 위장하고는 상경하게 되다. 8일은 왕세자 탄신일을 기념하는 과거가 있는 날이다.
2.10	동학의지도부는 복합상소를 위한 치성식을 거행하다.
2.11	광화문 앞에서 40여 명이 복합(伏合)하다. 이후 외국인 교회와 공관에 외국인을 비난하는 격문이 수 차례 붙게 되다. 일본공사는 이와 같은 사안을 본국에 보고하게 됨. 또한 미국총영사 역

시 일	내 용
1893. 2.11	시 본국에 보고하게 되다. 당시의 임금인 고종이 칙문을 내려 고향에 돌아가 생업에 종사하도록 하였으나, 한편으로는 조정의 탄압은 중지되지 않고 지속되었음.
3.3	북접창의소(北接倡義所) 이름으로 척왜양(斥倭洋) 격문이 나붙음.
3.10	해월 선생이 보은(報恩)으로 집결할 것을 지시하는 통유문을 각처로 보내다. 이후 척왜양을 주장하는 통유문이 내려가게 되고, 이를 주장하는 격문이 동학도의 이름으로 사방에 붙게 된다.
4.2	보은취회를 해산하고 해월 선생 등 동학의 지도부는 피신을 하게 되다. 이후 해월 선생은 칠곡·인동·금산 등지로 피신하여 지내다가, 청산 문암리로 피신하여 지내게 되다.
10	해월 선생 주도로 교단조직을 크게 개편하다.
1894. 1	청산 문암리에서 강석을 개최하며, 교단의 내적인 내실을 기하고자 노력하다. 같은 달 10일 전봉준이 고부(古阜)에서 봉기하다. 이후 해월 선생은 김낙봉으로부터 전봉준의 봉기소식을 접하고는 서찰을 보냄.
3.20	전봉준이 무장(茂長)에서 전면 기포(起包)함. 전봉준의 봉기에 호응하여 각처의 동학도들이 봉기하게 되다. 같은달 해월 선생의 명에 의하여 동학도 수만 명이 청산 소사전(小蛇田)에 집결하여 규약을 정함.
4.3	보부상들과 읍민들 1천여 명이 동학군을 공격하여 동학군 114명이 죽음.
1894. 4.6	해월 선생, 통문을 보내 동학도들이 집결할 것을 지시하다. 이후 동학혁명이 본격적으로 전개되기 시작함.